高学歴でも失敗する人、
学歴なしでも成功する人

勝間和代

Katsuma Kazuyo

小学館
101
新書

高学歴でも失敗する人、学歴なしでも成功する人◉目次

2章 頭がいい人の7つのスキル 67

3章　新しい考え方をもたらす7つの視点　137

4章 頭をよくする7つの方法 169

序章

頭がいい生き方のすすめ

この本は、「頭がいい」といわれている人たちの秘密をまとめた本です。

現在、働く現場では、あまりにもいろいろなことが不安定で、突然何かが起きても不思議ではない状況です。そういう中で、結局、最後に頼りになるのは「頭の使い方」です。

あなたの周りにいませんか？　学歴が特に高いわけでも、いわゆる学校の成績がよいわけでもないのに、とても知恵があって、実務能力と実行能力に長《た》けていて、いろいろな人や情報を知っている人。みんな、そんな人になりたいと思っているはず。でも、ざっと書店を見ても、どうしたらそうなれるか書いてある本がなかったので、私の考えるところをまとめることにしました。

日本人は、「アカデミック・スマート」であること、つまり学歴が高いとか、与えられた勉強に対してよい成績が取れるということが重要だということを、親や先生、いわゆる「世間」から徹底的にたたき込まれます。東大卒や早慶卒の肩書きを欲しがり、高校も、そういった大学への進学率を誇ります。

もちろん、統計的には、アカデミック・スマートな人が、実務能力に長けているということは否定しません。問題処理能力があり、即座に解を出す能力を持っています。

しかし、決まっている問題に答えを出すのは、実は、簡単なのです。ある程度のパターン認識力を養い、勉強量をこなせばなんとかなるからです。また、東大に受かろうと思ったときにいちばん効率的な方法は、「解ける問題を着実に解くこと」。すなわち、難しい2割の問題を捨てて、残りの8割の比較的解きやすい問題をいかに効率的に解くかを学ぶことです。

そして、日本に限ったことではありませんが、いわゆるアカデミック・スマートの大きな問題点は、難しい問題は避けて、易しい問題を解こうとする傾向があることと、難しい問題は「解いたふりをする」ことがあるということです。実際、アカデミック・スマートが集まっている、日本の官僚制度を見ると、その根深さが分かると思います。

ストリート・スマート

一方、アカデミック・スマートと対になる「ストリート・スマート」ということばがあります。ネイティブ・スピーカーと話をしているととてもよく出てくることばで、「He is a street smart person.」というふうに使います。日本語にすると、「あいつ、できるよね」といったイメージです。

辞書を引くと、street smart はこのような解説になります（*urban dictionary なので、あまり上品な英語でないのはお許しください）。

A person who has alot of common sense and knows what's going on in the world. This person knows what every type of person has to deal with daily and understands all groups of people and how to act around them. This person also knows all the current shit going on in the streets and the ghetto and everywhere else and knows how to make his own right decisions, knows how to deal with different situations and has his own independant state of mind. A street smart person isn't stubborn and actually listens to shit and understands shit.

出典：http://www.urbandictionary.com/define.php?term=street+smart

逐語訳はしませんが、要は、人情の機微や人の動きをよく分かっていて、どういう状況でも正しい判断がよくできて、かつ、自立心が旺盛《おうせい》である、独りよがりではない、というイメージです。

すなわち、ストリート・スマートの要素を分解すると、大きく分けて左記の3つになるでしょう。

1　状況理解・判断能力がある
2　人の気持ちの機微がよく分かる
3　自立心が旺盛だが、独断的ではない

この本で秘密をまとめた「頭がいい」人とは、ストリート・スマートな人たちのことです。そして残念ながら、アカデミック・スマートの試験では、ストリート・スマート力《りょく》のうちの、ごく一部しか、計ることができないのです。最近では、大企業でも、入

＊利用者たちがスラングを書き込めるウェブサイト。

社試験で学校の成績をあまり重視しなくなってきたそうです。

学校の成績には、インプットとアウトプットの効率、いわゆる生産性を計ることができないという問題点があります。つまり、どのくらいの結果だったのかということは分かるのですが、その結果を出すために、どのくらいの時間を使ったのかという部分が人によってばらつきがあるのです。

アメリカのハーバード大学では、いちばん成績のいい人たちは、学生時代からさまざまな仕事でインターンをして学び、卒業後、大企業へ行かずに起業します。マイクロソフトを作ったビル・ゲイツや、フェイスブックを作ったマーク・ザッカーバーグは、どちらもハーバード大学在学中に起業しています。

一方日本では、東大法学部の多くの人が官僚になりますが、起業する人は少数派です。もちろん、日本は起業しにくい文化風土であることは確かですが、より大きな理由は、起業というのは「問題」も「答え」も決まっていないため、いわゆるアカデミック・スマートな人にとっては避けたいことだからではと考えます。アカデミック・スマートな人たちにとっては、国家公務員試験、外交官試験、司法試験など、分かりやすい目安がある試験のほうが、自分のスキルセットと合致するわけです。

起業に比べると、大企業に勤めたり、官僚になったりした場合には、解決するべき問題は比較的決まっています。しつこいようですが、日本で「成績がいい」といわれる人たちの優れている点は、決まった問題に対して素早く答えを出すことができる、という点なのです。

マッキンゼーの入社試験で見られていることは

私が在籍していたマッキンゼーの入社試験は、最低限のペーパー試験をパスしたあとの面接は、ひたすらケーススタディを出されて、その場で回答していきます。おおむね、4~6人の面接官が、候補者に問題を出していって、その答えを見ていきます。つまり面接で見ているのは、面接官の出した問題について、何を解くべきかを発見・定義することができるかということと、それに対する解決能力です。

しかも、このマッキンゼーの入社試験は、いわゆる「パターン認識」だけに優れた人は、落ちるような構成になっています。実際、私が入社試験を受けた時、コンサルタントの知識としては基本中の基本である「MECE《ミッシー》」や「仮説」などという概念をまったく知らないまま試験に臨みましたが、無事合格しました。

入社後、面接官たちに、「なぜ、私は合格したのでしょうか?」と聞いたところ、複数の面接官が口をそろえて言ったのは「あまりにも答えがユニークだったから」でした。

例えば、1997年当時の面接で「電子マネーはこれから普及しますか?」という質問に対して、私は「必ず普及します」と答えたのですが、その理由が（自分ではあまり覚えていなかったのですが）、貨幣とは、古来の貝から始まり、金属になって、そして紙幣になっていくという、貨幣の歴史と利便性、信用創造の移りかわりを滔々《とうとう》と語り、「信用が確保される限り、より利便性が高まる物に個人が飛びつかないわけはありません」というものだったそうです。

同じように、「EC（電子商取引）は普及しますか?」という質問に対しても、「必ず普及します」と答えたのですが、その理由は何かと尋ねられたので、「実際に、私が昨日、インターネットでカナダからビリヤードのキューを買ったからです。内外価格差が2倍以上あり、かつ、品ぞろえもまったく違うので、新しい手段を手に入れた場合、普及しないことは考えづらいです」と説明しました。

通常、コンサルティング会社の面接慣れをしてしまっている人は、例えば市場規模や外国事例、日本の流れや規制状況を説明し、そしてその後の予想される動きなど、借り物の知識による、地に足のつかない、いわゆる「空中戦」を行ってしまうのですが、その質問をしているコンサルタントはその道のプロですから、よほどのことを言わない限り、驚きはしません。

ところが、私の答えは、データも何もない中、自分の経験や観察にもとづき、一定の軸を持って将来を推測し、しかも、根拠がどの程度あるのか分からない中でもポジションを取る（自分の考えを構築する）、ということを行いましたので、面接官たちは「この人はちょっと変わった人なので、入社後、自分たちも、本人も苦労するとは思うけれども、面白いから採用しよう」というのが一致した見解だったということでした。

つまり、マッキンゼーの入社試験では、答えの根拠や着想の面白さを重視して、その人が「ストリート・スマート」かどうかを判断しています。その理由は、コンサルタントの資質として必要なほかの部分、例えば「物事を整理して話す」とか「事実と考えを分ける」という「アカデミック・スマート」的な部分は、短期間で訓練が可能ですが、「ストリート・スマート」的な部分については、より長期間の訓練が必要になるため、即戦力としてはストリート・スマート力《りょく》を重視しているのです。

つまり、答えがないところに、さまざまな自分の経験や知識、知見をぶつけて、まずはアイディアを作り、ポジションを取るという能力は、学校成績が単にいいということよりも、より希少であるという考え方にもとづいていました。

マッキンゼーがそういう人材を中心に採用する理由は、企業の課題解決において、そのような考え方を提供するサービスにニーズがあるからです。いい大学を出て、大企業に入ると、比較的分かりやすい問題をガツガツと解くスキルはつくのですが、不透明な課題について問題自体を見つけて、そこで解けること・解けないことを峻別《しゅんべつ》して、解けることに集中して着手していくことは、残念ながら習慣にないことが多いのです。

しかし、日本は、決まった問題を粛々と解くには経済が発展し過ぎましたし、人件費が高くなり過ぎました。海外比較で高い私たちの人件費をうまく正当化するためには、見えない問題を見つけて解く能力が、コンサルタントだけではなく、ほとんどすべての現場のビジネスパーソンに求められるようになってしまったのです。

ストリート・スマート力《りょく》は「コツ」さえつかめば、後天的に身につく

では、このストリート・スマート力ですが、後天的に身につくものなのでしょうか？答えはもちろん「イエス」です。考え方と着想次第でこの能力を開発できます。一度、こういうものだと「コツ」が分かれば、考え方と着想の習慣をより実務的なスマートさに変えていけるのです。

訓練可能なストリート・スマート力を学校教育後にしか学べないような社会の仕組みになっていることが日本の問題だと私は思います。例えば、大学の授業は座学が多く、論文を書いたり、ディベートをしたりする機会は限られています。

『これからの「正義」の話をしよう』で著名な、ハーバード大学のマイケル・サンデル教授が来日した時にも、その講義のテレビ中継を見て、ハーバードの学生の質問レベルと、日本の学生の質問レベルがあまりにも違うことにがっかりしたのは私だけではないはずです。

その背景には、日本では子どもたちに対して、親も社会も、例えば同レベルの経済力を持つ他のOECD（経済協力開発機構）諸国などに比べて、過保護過ぎることがあるのではないでしょうか。

日本社会は、なるべく苦労をさせないように、なるべく安全にと、将来の課題になりそうな問題を事前に取り除いておくように動く傾向が強いと考えます。しかし、その結果、実際には子どもたちの自立を妨げているのです。事実、先進国の中でニートが多い国は、日本、韓国、イタリアなど、伝統的に家族が子どもたちを過保護にする傾向が強い国になっています。

知的な生産性が高い人

ところで、再び「頭がいい」とはどういうことだろう、ということにもどってみます。

不思議なことに、私たちは5分くらい話をすると、なんとなく、話をした相手が「頭がいいかどうか」感じ取ってしまうような雰囲気はないでしょうか？　そして、数人が一緒にいるときにも、私たちが共通して頭がいいと思っている人はほかの人もそう思っているし、逆もまたそうだ、ということが分かります。

では、私たちはどこからそのような手がかりを得るのでしょうか？

私の仮説は、話をしている相手がどれだけ客観情報を豊富に持っているかということと、さらに、その情報からどのような結論や行動を導き出しているか、という2点を観察しているのではないかというものです。

そして、その相手は自分にとってどのような存在であり、その人を味方にすべきなのかどうか、また、味方だとすれば、どのように対応すればいいのか、自分が今後相手と接するときに、どの程度の見極めをしていくべきなのか、心構えを作っているのです。

しかも、私たちは男女を問わず「美しい」人に魅力を感じますが、「頭がいい」人に対しても、もちろん、多少の反感や嫉妬《しっと》はあったとしても、ある程度尊敬の念を持ってしまいます。

知的な生産性が高いということ、つまり優れたインプットを持っていて、それを活用して、優れたアウトプットを生む人を「頭がいい」と感じるのですから、そういう人は味方にするか、味方にしないまでも逆らわないほうがいいと計算してしまうのです。

私たちが頭がいい人に対抗するため、あるいは、頭がいいと思われるためには、インプットとアウトプットの両面が必要になりますが、「Garbage in, Garbage out」（ゴミを入れるとゴミが出てくる）のことばどおり、まずは優れたインプット、情報が必要になります。

このときに何を「優れた」と考えるかは人によって判断が分かれますが、私が考える「優れた」は、世の中の情報の真偽をしっかりと見抜いて、ほかの人が気づかなかった情報を持っていたり、あるいは、さまざまなあふれる情報の中から、より良質なものを抽出できたりする能力です。

例えば、私が人と話をするときに、人が漠然と思っていたり考えたりしていること、あるいはまったく気づいていなかったことについて、数字で示したり、統計を使ったりしながら客観データを示すと、「頭がいい」という印象を持たれるようです。そして、よく聞かれるのが、「なぜそんなに数字を覚えているのか」ということです。

実は私は、人の名前を覚えるのは本当に苦手です。固有名詞はとんでもなくだめです。でも、数字がある程度頭に入るのは、単なるランダムな数字ではなく、関係性があるからです。歴史の年号を語呂合わせで覚えるように、何かを示すデータがどういう数字だということは、その前後の背景やデータ同士の関連性を理解できれば、小数点以下までは難しいにしても、パーセンテージであれば上2桁《けた》くらいでしたら、けっこう頭に残るものです。

また、同じく客観的に考えるために、ほかの人が言ったこと、教えてくれたことを、いい意味で「批判的」に見る、すなわち、本当かどうか疑うという訓練が大変重要です。なぜなら、人には認知のひずみがあり、自分のポジションを正当化するために、意識していない嘘《うそ》をつきますし、あるいは、都合のいいところだけを抽出して話をすることがあるからです。

情報を確認する癖

したがって、すべては無理にしても、できる範囲で、聞いたこと、読んだこと、見たことは、自分で確認をする癖をつけます。あるいは、聞いた段階でまだ調べていない情報は、それが未確認情報であるということを理解した上で、確認情報とは違う取り扱いを頭の中でするようにするのです。

実は、世の中の情報や問題の答えのほとんどは、公開情報の中に眠っています。私たちが探したい情報、疑問に思っていることの答えの大半は、新聞検索、インターネット検索、論文検索、書籍閲覧で見つけることができます。しかし、多くの人には、探す習慣がないので見つからないのです。

例えば、私は昨年の夏、蚊に刺されて腕がかなり腫れてしまいました。すると、そのことで、冷やしたほうがいいとか、ほうっておいたほうがいいとか、薬を塗るべきだとか、塗らないべきだとか、いろいろな人がさまざまなアドバイスをしてくれましたが、そのような情報はまずは「未確認情報」ということで頭に入れた上で、「蚊アレルギー」というキーワードで検索してみました。

すると、「蚊に対する反応は人によってまったく違い、ひどい場合は、手の先まで腕全体腫れる人もいる。24時間以上腫れ続ける人もいるし、20分で消える人もいる」ということが分かりました。したがって、専門医などでない限り、みんな自分だけか、あるいは自分の身の周りの小さな世界での情報をもとにアドバイスをしますから、やはり

「どこまで腫れたら皮膚科に行かないとまずいのか」などの判断は自分でしなければならないのです。

さらに、ステロイド剤のような強い薬についても、一般にアレルギーによる皮膚疾患などの症状に塗るとすぐに効果が出るようなのですが、使い過ぎ、乱用は副作用をもたらします。しかし、ステロイド剤を塗らないことによる弊害も当然ありますから、並行して分析します。

たかだか「蚊に刺されたぐらい」で大げさな、と思った人が多いと思いますが、これが「問題を定義する」ということなのです。

つまり「蚊に刺されて、腕がかなり腫れた場合に応急手当は何をするべきか、医者にはいつ行くべきか」という問題をまずは定義し、その答えを自分で考えてみるというようなことが、ストリート・スマートへの足がかりなのです。

そして、自分の事例から参照した一連の情報や知識を覚えておけば、次に誰かが同じ状態になったときに、「必要以上に心配することはなく、どういう状態になったら医者に行くべきか」というアドバイスを客観的にすることができるようになります。それを、人に言われたまま言われたことをやってしまうと、うまくいったときにも、うまくいかなかったときにも、応用が利かなくなってしまうわけです。

昔はこのようなことは、百科事典や専門書を調べたり、知り合いの医者に相談したりしないと得られなかった知識です。インターネット検索は本当にひとりひとりの頭の使い方を変えたとつくづく思います。だからこそ、少しでも疑問に思ったことをすぐに調べる癖があるかどうかで、数年間、数十年間を比べると、それぞれの人にできる蓄積がまったく変わってしまうことになります。

このように、ほとんどの問題は、これまでの情報の中に答えが落ちています。実際、後づけになりますが、例えば2001年9月11日に起きたアメリカ同時多発テロ事件の時も、実はあとから考えると、アルカイダのメンバーが飛行機操縦を訓練している情報や、一部のメンバーが飛行機に搭乗したという情報などはバラバラとはあったのです。しかし、それは莫大《ばくだい》な情報の中にわずかに埋まっている砂金のような情報ですから、簡単には網に引っ掛かりません。訓練を重ねることで、情報同士のつながりが見えてきて初めて網に引っ掛かってくるようになるのです。

そして、問題に対するそのままの答えは落ちていないとしても、問題に対するヒントは見つけられます。それはインターネット検索だけではなくて、日常歩いているときや考えているときや物を見ているときに、ぽろぽろと落ちているのです。

最も有名なのは、ニュートンが万有引力の法則を発見するきっかけになったとされている「木から落ちるリンゴ」や、アルキメデスが浮力に関する法則を発見した時の「お風呂からこぼれた水」です。日常の中でのさまざまな気づきやサインを、どれだけ汎用《はんよう》的な情報として受け取ることができるかで、インプットの量と質に大きく差がつくということができるでしょう。

つまり日常のヒントを頭に入れていく習慣があるかないかの違いで、「頭がいい」と評価される、インプットに対する情報収集能力やその後のアウトプットにつながる問題解決能力を手に入れられるかどうかが決まるのです。

次章では、頭がいい人たちが実践している「7つの習慣」をまとめます。

1章

頭がいい人の7つの習慣

ものを概念化する癖がある

以前、家で物置の蛍光灯が切れたことがありました。やや特殊な蛍光灯で、市販品では替えの電球がなかなか見つからず、高校生だった娘が「どこで買ったらいいのか分からない」と切れた蛍光灯を持ってきました。インターネットで調べると、すぐに同じ物が出てきたので型番を告げたところ、娘は、自分もかなり調べたのに分からなかったのにと大変驚いていました。

その蛍光灯の長さは、通常の蛍光灯の倍近くもあって、大変特徴的でした。長さで調べればすぐに情報が出てくる可能性が高いと考えて検索したところ、1回で出てきたのです。

検索エンジンを使いこなすには、調べようと思った事象を抽象化する力が必要になります。物を見たときに、その特徴を見極めるには、日ごろから物を概念化して見ておくことが必要です。私は「五感でものを観察すべき」と言うのですが、色、形、におい、大きさ、触感、味、すべてが概念化できる情報になります。

したがって、何かをひと目見たときには、すぐにその物体を情報としてとらえ、概念化する癖をつけるようにすると、情報の使い勝手がよくなります。

そして、検索するときにはコツがあります。キーワード1つだけで検索する人がほとんどなのですが、それでは、なかなか目的のものを検索できません。キーワードは2つ、あるいは3つ以上入れて多方面から条件を絞るようにします。

「概念化する」というのは、例えば、どら焼きを手に取ったとき、どら焼きが単体で存在するのではなくて、小麦粉とあんこがあって、パッケージがあって、というふうに階層に分けて考えてみる、というようなことから始まります。

ひと箱10個入りのどら焼きをいただいたときには、その構成についても考えます。先日いただいたどら焼きの詰め合わせは、3個がこしあん、3個がつぶあん、3個はブルーベリー味、1個がレモン味という構成でしたが、どうしてこういう構成なんだろうと疑問に思うわけです。

また、このどら焼きのパッケージはビニールでした。私が店主だったら、紙のパッケージにするか、ビニールにするか、迷うだろうな、ということも考えます。なぜなら、どら焼きのような和菓子は、紙のパッケージのほうが、高級感があり、おいしそうに見えるからです。しかしもちろん、包装紙の原価が違いますし、また、機能的にもビニールのほうが優秀でしょうから、どちらがいいのかは市場テストをしてみないと分かりません。

さらに、このどら焼きには、あんこの種類分けのシールが、オーソドックスなつぶあんにだけ貼《は》っていなかったのです。これは作る立場にしてみれば「どら焼きはつぶあんに決まっているのだから、シールが貼っていない物はつぶあんに決まっているだろう」という発想だと思うのですが、顧客はそう考えないかもしれませんし、また、本当はブルーベリーなのに、シールがたまたまはがれた可能性もあります。

……などということを、実は私はいつも考えています。しかも、これをとめどなく無意識に繰り返しているのです。これが、「概念化する癖」です。

また、私は外を歩いているときに、行き先案内や注意書きの看板に気づくのが早くて、一緒にいる人によく驚かれるのですが、これも「概念化する癖」のひとつです。

景色を見た瞬間に概念化して、無意識に情報として頭の中に入れているのだと思います。風景の中から必要な情報を持っているものと持っていないものを無意識に分けているのです。

これは、記憶力がいい、ということとは違います。ランダムに覚えているのではなく、いろいろなものを一度抽象化、概念化して、骨組みだけを理解し、覚えるのではなく、自然に頭に入るようにするというものの見方を繰り返すのです。こういう癖があって初めて、何かを探したい、考えたいと思ったときに、その検索キーワードや、連携するための共通点を見出せるようになります。

それは、画家が自然の風景を自分の目でさまざまな色や光に分解し、キャンバスに再現するときには単なる模写ではなく、解釈に応じて絵の具で表現することに似ています。物事をさまざまな特徴から分析して、分解して、理解するのです。

言い方を変えますと、概念化というのは、物事を立体的に見ていることにもなります。さまざまな軸で概念化することにより、何かの代替案やつながりが見えやすくなるためです。一方、概念化をしないまま物事を考えることを私は「平面的に見ている」と考えています。すなわち、大事なものも、大事でないものも、同じ構造として把握されてしまっているためです。

例えば、「何か飲み物をコンビニで買ってきましょうか」と聞かれたときに、私はよく爽健美茶《そうけんびちゃ》をお願いします。すると、立体的にとらえる癖のない人は、その「爽健美茶」というブランドにこだわってしまって、最寄りのコンビニに爽健美茶がないときには困ってしまって、ほかのコンビニまで行ってしまったりします。

私は単に、「さっぱりしたノンシュガーのお茶で、コーヒーでも紅茶でもない飲料」の意味で言ったので、別に「十六茶」でも構わないし、十六茶もなかったら、「お〜いお茶」でも、「伊右衛門」でも「麦茶」でもいいのです。

もちろん、私が大変偏屈な人で（ひょっとして、そう思われているかもしれませんが）、爽健美茶でないと怒るタイプの人だったら、コンビニを探し回ったほうがいいかもしれませんが、相手を観察するときにそこまでこだわる人かどうか、ということまで情報として認識しておけば、代替案として何をすればいいのか、分かります。あるいは、あらかじめ「なかったときはどうしますか」と聞いておけばいいのです。

とにかく、「考え方の癖」を訓練するのがこの本の目的です。偉大な先輩たちが残してきた「京大式カード」や「KJ法」や「マインドマップ」などのさまざまな手法は、抽象化するという概念を、ことばや図式に落とすことによって可視化しているわけです。しかし現実には、手に入るすべての情報をいちいちカードにしたり、KJ法で分析したりするわけにはいきませんから、より簡便に頭の中で組み立てる訓練が必要になります。

頭がいい人の習慣2
切れ味のいい「オッカムのカミソリ」を持っている

「オッカムのカミソリ」ということばがあります。これは、必要なもの以外は全部そぎ落として、本当に必要なものだけを判断の材料にするために、本当に必要な要素だけを残す、という考え方です。言い換えますと、何かを説明する際に、不必要なものを加える必要がないときには、それを加えずに考えよう、ということです。

すなわち、「頭がいい」というのは、「必要な情報を見抜く力」しかり、「物事を概念化する力」しかり、前提条件をなるべく最小限に絞ってそれ以外は全部そぎ落とすことができる力ともいえるのです。

優秀な経営者とそうでない経営者の違いがどこかというと、優秀な経営者は、オッカムのカミソリを自然に使う習慣が身についています。状況の中でポイントを見抜き、その一点に集中して、残りを気にしないのです。ところが凡庸な経営者は、オッカムのカミソリの切れ味が悪いため、ああでもないし、こうでもない、といったような、本来の主要な論点ではないところまで気にしてしまうことによって、必要なこともできなくなるし、実行スピードも遅くなります。

もちろん、例外処理をあらかじめ想定しておくというのは必要な思考プロセスなのですが、例外が起きたときのことを、まとめて場合分けしておけばよいのであって、ひとつひとつの例外処理について、起きる確率が低いものまで具体的に規定しながら行動をしようとすると、疲弊してしまいます。大筋のものをどんどん押さえれば、それで済むのです。実際、オッカムのカミソリは「思考節約の法則」や「ケチの原則」とも呼ばれています。

プロフェッショナルとアマチュアとの違いについて、私が分かりやすいと思っている説明の仕方に、「プロはあることを効率的に行う技術を持っている人」というものがあります。同じように、頭がいいということは、思考プロセスをより効率的に行うことができる技術を持っている、つまり「思考プロセスのプロフェッショナル」ということなのです。

頭がいい人の習慣3 頭の中に充実したデータベースがある

子どもの学力は何によって決まるのかということはさまざまに調べられてきました。遺伝や環境の影響など多くの分析があるのですが、その中で、はっきりとプラスの影響があると分かった興味深い項目を見つけました。それは何かというと、「家にある本の数」です。

『ヤバい経済学』（スティーヴン・D・レヴィット、スティーヴン・J・ダブナー著／東洋経済新報社）で紹介されている、アメリカ教育省が90年代後半に行った大規模な「初等教育の継続的調査（ECLS）」では、シカゴの学力テスト結果と家庭的な要素の相関を調べるにあたって、いろいろな要素を入力し、どの項目の相関が高いか、という実証を行いました。

結論として相関関係が高かった8項目の中に「家に本がたくさんある」という項目が入りました。しかも面白いことに、この項目のポイントは、「本がたくさんある」というだけで、親が子に読ませている、ということではありません。本の存在です。つまり、家にある本の数が多いと、子どもの学力が高いらしい、ということが分かったわけです。「家にある本の数」というのは、親の知力や資力、知的興味などを示すものである可能性はありますが、必ずしも本の数が多いというだけでその親が必ず「賢い」わけではないですし、ましてそれだけで学力が養えるわけではありません。しかし、本があることで、子どもの知的好奇心が広がるという相関関係があるかもしれないということをこの統計は示唆しています。実際に、統計的には家にある本の数が子どもの学力の代理変数になっています。

私は末っ子だったので、すでに年配になっていた親や、年が離れた姉や兄の本に囲まれて育ちました。児童用の本も、姉や兄用に親が買った本がそのまま残っていましたし、記憶にある範囲では、親の寝室、書斎、そして姉2人、兄の部屋、すべての部屋に本棚があり、忍び込んでは読書にふけっていました。

例えば、親の書斎には百科事典がありました。実際に父親が使っているのは見たことがなかったのですが、私は小学生のころから、百科事典を頭から読むのが趣味でした。1項目ずつ次々に読み、行ったことのないさまざまな国の話、偉人の話、生物の話などを、何時間も読んでいました。

小さいころから、いちばんのお気に入りだった本は、宝石の事典でした。キラキラと光る物が大好きだったので、サファイア、ルビー、エメラルドなどの写真を見ていたのですが、そのうちに、それぞれの鉱物の仕組みや硬度、産地、色の種類や希少度なども自然と覚えてしまいました。

また、親がめくっているのは見たことのない世界文学全集もあったので、時間にまかせて、分からないなりにも読み続けていました。1巻が『若きウェルテルの悩み』で、2巻は『罪と罰』でした。もちろん、子どもには難しい内容で、『罪と罰』はハードカバーで3冊に分かれていましたが、読了してしまいました。

私がここで、さまざまな知識や情報を知っておく必要性を書いた理由は、私たちの脳は、すでに頭に入っている知識からしか、上手に現状を理解できない仕組みになっているからです。

それは、例えばこのようなことです。

以前、私は軽井沢で星野リゾートの社長、星野佳路《ほしのよしはる》さんを取材した際に、お誘いがあって、撮影の合間に自転車で山の中でのダウンヒルを楽しんだのですが、その時にガイドの方から「〇〇の声がしますよ」「××が鳴いています」「あそこに△△が見えますね」と教えてもらって、初めて、そこにいる鳥が見えたり、声が聞こえてきたりしたので驚きました。同じ音を聞いていても、それまでの私にとっては、雑多な音の中のひとつにしか聞こえず、その姿は山の風景に溶け込んでしまっていました。なぜなら、私には鳥の声の違いも、姿についても、およそ理解も知識もないため、ひとりではまったく判断できなかったのです。

同じように驚いた体験は、私が1999年に、当時ようやくサービスが始まった電子マネーの仕事を引き受けた時にもありました。仕事を引き受けたその日からいきなり、それまでまったく見えていなかった電子マネーの看板があちこちにあることに気づいたのです。

一方、自分が得意なもの、例えば電子ガジェット（電子機器）や自転車であれば、とてもささいな違いもすーっと目に入ってきます。先に分析して考えた「どら焼き」も、私はお菓子には目がないのでいろいろなことに気づくわけです。一方、例えば外国人は「どら焼き」そのものを食べたことがないわけですから、パッケージがビニールでも、紙でも、まったく気にしないでしょう。

つまり、私たちは、見たものを鏡のようにそのまま頭の中に写しているわけではなく、自分の理解というフィルターを通して、見たものを違う情報に変換してしまっているのです。そのため、自分のデータベースが豊富である人ほど、ものを正確に映し出しやすくなりますし、「スコトーマ」といわれる、心理的な盲点になる情報を少なくすることができます。以前、養老孟《ようろうたけ》司《し》さんは「バカの壁」ということばでこのことを表し、ベストセラーになりました。

普段からさまざまな本を読んだり、多様な人と話をしたり、いろいろなところに行ってみて、五感で見聞きしたりする必要がある理由は、頭の中に、五感で得たものを理解するための素材がないと、新しい情報の処理ができないからです。完全に、そのものを知っている必要はないのですが、そのものが何なのかが分かるためのヒントがないといけない、ということです。そして、このヒントとなる素材は、自分が仕入れない限り、コンピュータとは違って、誰も頭の中には入れてくれません。

頭がいい人の習慣4 頭の中から引き出すきっかけを豊富に持っている

また、なかなかものを覚えられない、忘れっぽい、という悩みを抱えている人も多いと思います。いろいろと新しいことを学んでも、なかなか身にならず忘れてしまうな、と思っている人は、覚えられない理由は2つあります。1つは、先ほど話をした、「理解できていない」ということです。手元に理解のための素材がないので、頭に残りにくいのです。

そして2つ目は、本当は忘れてはいないのですが、どうやって、頭の中に入っているさまざまな情報を上手に引き出すかということについて、引き出し方を理解していないのだと考えられます。

自分が知っていることを上手に引き出すためには、なんらかの方法で、引き出しやすいように整理しておく必要があります。そして、その引き出し方は人によって違って、ことばで引き出す人、数字で引き出す人、画像で引き出す人、音楽で引き出す人、また、それらの組み合わせで引き出す人、人それぞれです。

いずれにしても、誰でも、何か引き出すきっかけがあれば、実は容易に思い出すことができます。ただ、もう1つ大事なことは、頭の倉庫にものをしまうときに、ぐしゃぐしゃ押し込む人と、エリアに分けて整理して置いてある人とでは、巨大な倉庫からデータを引き出すときの引き出し方の難易度が異なります。しかも、面白いことに、物理的な倉庫は1か所しか置けないのですが、脳はバーチャルな倉庫なので、同じものでも、5個のタグをつけてしまえば、5か所に置いてあるのと同じ意味になるのです。

自分たちの脳の働きを考えるときに、私たちが日常的に使っているパソコンがどのように動作しているかということを理解することは、脳の使い方を考えるためのヒントになります。なぜならコンピュータは、もともとはジョン・フォン・ノイマンという天才とそのグループメンバーが、私たちの脳の働きを再現するために、脳を模して作った物だからです。ジョン・フォン・ノイマンは情報科学の分野だけでなく、物理学や気象学、経済学の分野でも大きな業績を残した偉人で、20世紀の科学者の中で最大の功績を残した人のひとりといわれています。

ちなみに、この本を読んでいる人の多くはフォン・ノイマンという人のことをなんとなくは聞いたことがあると思いますが、この話を読んだ瞬間には、この本を少し横に置いて、ジョン・フォン・ノイマンについて検索をするような癖をつけて欲しいのです。そして実際に検索をすると、いわゆる「ノイマン型コンピュータ」は確かにノイマンが数学的な裏づけを行うことにかかわっていますが、基本的な設計は別の人物が行っており、それでもフォン・ノイマンの名前を冠したのは、そのほうがブランドとして有利だったから、ということが分かります。

また、フォン・ノイマンの「フォン」は貴族の称号ですが、ノイマンの家は本当は貴族の出身ではなく、父親が貴族の称号をお金で購入したということが分かる、また、核開発にもかかわっていて、長崎に落とされた原爆の一部をノイマンが設計担当していたなど、いろいろな新しい気づきがあるはずです。

私が、パソコンを肌身離さず持っているのは、少しでも気になったことはすぐにでも検索できるようにしているのと、さらに、パソコンを使うことで自分の頭の節約ができることについては、最大限に使おうと決めているからです。

例えば、膨大な記憶のデータベースを特定のタグで一気に検索する能力というのはパソコンのほうが私たちの頭よりはるかに高い能力を持っています。したがって、さまざまな記憶や気づきを単に自分の頭に残しておくだけではなく、なるべく、Ｇメールやエバーノート、それにツイッターやブログなどを使って、言語化、あるいは画像化して、記録に残しておきます。特に大事なことは、さまざまな考えを「ことば」に置き換えておくことです。

なぜなら、あとから検索をするときに、その「ことば」が検索キーワードになるためです。このことは、「言語化されたものは、個別参照性が高い」と言い換えることができます。

先にも説明しましたが、頭がいい、というのは、同じだけの資源を使って、より多くのことを処理したり、考えたりすることができるということで、そのときに「言語」というのは最強のツールのひとつです。

ことばにするというのは、まさしく、さまざまなことを抽象化することなのです。頭に入れたものについて、私たちが意識して考えていないときでも、バックグラウンドで脳が自然にぐるぐる考えてくれています。パソコンで複数のソフトを立ち上げた時、作業していないソフトも裏で動いている感覚です。だから、検索キーワードではありませんが、ある程度、質問や内容をことばに落として、それを参照できるようにしておくと、脳は頭の裏側で勝手に、いろいろなものをくっつけたり、離したりしてくれて、しばらく時間が経《た》つと「ヒラメキ」という形で答えを出してくれたりします。

パソコンは複数処理を行うと、ＣＰＵ（中央処理装置）が食われて遅くなってしまいますが、私たちの脳の処理能力は半端なく高いため、かなりのバックグラウンド処理をさせても、ほとんど負荷がかからないことも、すばらしいことです。しかも、パソコンはかなり綿密な逐次処理のプログラムを入れないと、あいまいさを許容しませんが、私たちはあいまいなことでも瞬時に判断できます。

また、言語以外にも、におい、音、味、皮膚感覚なども、大事なインデックスになります。つまり、私たちがものを考えるのは「脳」だけではなく、体全体で、五感でセンサーを使いながら考えるのですから、なるべく体を動かして、多様な体験をして、新しい刺激や情報を与えることで、これまでになかったつながりが生まれてきます。

頭がいい人の習慣5 新しい方法を常に模索している

さらに、このような頭や体の機能を利用して学習効果を上げられないだろうかと考えられたのが、加速学習（アクセラレーション・ラーニング）という仕組みです。

加速学習は、1980年代くらいから東ヨーロッパを中心に取り組まれ、アメリカでも1990年代から、教育現場や企業研修に活用されるようになりました。例えば、私がインストラクター資格を持っている「フォトリーディング」も典型的な加速学習法のひとつです。

加速学習を知らない人にとっては、加速学習はオカルトか、はたまたプラシーボ（偽薬）かと思われてしまうのですが、実際に一度体験してみると、スポーツと同様、単なる技術だということがよく分かります。

コリン・ローズの『コリン・ローズの加速学習法実践テキスト』（ダイヤモンド社）や、ウィン・ウェンガーの『アインシュタイン・ファクター』（きこ書房）などの書籍を読んでいただけると、その仕組みが分かるかと思いますが、要は私は、

「ことばという手段だけに囚《とら》われない学習法」

と理解しています。

私たちが何か学習を行うときには、どうしても、ことば、すなわち、言語での伝達が中心となりますが、言語はある意味、とても圧縮されたものですから、その圧縮状態をもう一度、もともと圧縮される前の状態に戻すのにとても時間がかかる上、その時に正

確にその状況に戻らないことも多くあります。

それを例えば、画像のまま、音声のまま思考を行うわけです。また、リスニングも、話すときに必要とするスピードよりも、聞くときのほうが処理が早いので、倍速や3倍速などで聞くことで、効率を上げます。

例えば、フォトリーディングはことばの逐語訳を頭の中でせずに、もともとこちらが知りたいこと、そして著者が言いたいことを会話のように合致させる手法です。したがって、本を早く読むことそのものよりも、前後における本の構造の把握や、予習・復習によるキーワードや質問文の作成が重要になります。ことばの逐語訳ではこれまで本が読めなかったディスレクシアと呼ばれる識字障害の人が、フォトリーディングを習うことで問題なく読めるようになっているケースもあります。

画像で考えるということは、私自身もよくやります。例えば、何かの問題を解決したいと思ったときに、その問題が達成できたイメージを頭に思い浮かべ、次にその横に現状を思い浮かべ、その間に壁があるとしたら、その壁を乗り越えるために必要なことは何かをまた画像でイメージする、などの方法です。

本のタイトルや装丁を考えるときには、私は必ず書店に足を運んで、自分の本がどのような形・色・タイトルでどこに並ぶと、最も潜在読者にとって効果的に目に入って、届く機会が増えるかを考えます。『お金は銀行に預けるな』(光文社新書)や『断る力』(文春新書)はまさしく、そういうプロセスで生まれました。

このような、画像で考える方法の訓練は日本ではあまり見たことがないのですが、例えばフォトリーディングを開発したポール・シーリィが、ジーニアス・コードというコースで、画像を使った問題解決手法をまとめています。

ジーニアス・コードの中で私が大好きなのは、イメージストリーミングです。瞑想《めいそう》に近いものなのですが、時間があるときに、身近な事柄や夢といった、好きな画像を思い浮かべ、五感を使いながら、自分自身にそのイメージを説明していくのです。すると、普段あまり意識していなかった五感のシナプスがつながるようになります。驚くのは、これまで自分でも想像できなかったような新しいイメージがどんどんわいてきて、まるで自分が映画監督か、映画の主人公になったように、ストーリーを紡ぎ出せるようになることです。

私たちの脳は、大変な能力を持っていますが、それを最大限に生かすためには、頭の中に入ったものを、ことばでもほかの感覚でもいいので、つなげてあげること、引き出せるようにしてあげること、そして、そのつながりから、新しいイマジネーションや創造物を作れるようにしてあげることが必要なのです。

だからこそ、いろいろなところで見聞をし、歴史を知ったり、食事をしたり、映画や小説・お芝居で自分のことのように他人の人生を味わったり、疑似体験をしたりすること、そして、その体験同士をうまくつなげていく意識が、頭の回転をよくしていきます。

ジーニアス・コードはフォトリーディングと比べて、インストラクターの数も講座開催も限られていますが、興味がわいた方はぜひ、体験してみてください。くわしくは左記のサイトに情報があります。

ジーニアス・コードとは

http://www.almacreations.jp/seminar/gc/about.html

数字、特にベクトル数字に強い

先ほどから、頭の中で何かと何かをつなげることが大事ということを説明してきましたが、その接着剤として「数字」というのは、大変有用です。もちろん、画像で接着することもできますが、数字は画像より簡単に概念を接着できます。私たちが経済活動をすべて金銭換算するのも、そのほうが接着が簡単だからです。

しかし残念ながら、コンピュータに比べて、人間はこの数字に関することが、はるかに、はるかに苦手です。電話番号も7桁8桁になると途端に覚えられなくなりますし、ましてや、クレジットカード番号のように16桁になりますと、ほとんどの人が自分のカード番号を言えないのではないでしょうか？

しかも、数字というものは、絶対的な量は実はあまり重要ではなく、相対的な比や変化の割合のほうが、より重要です。例えば、私の身長は158センチメートルですが、身長自体が重要なのではなく、日本人女性の中でどのくらいなのかが重要なのです。日本人女性全体の身長の中での位置が分かって初めて「この女性は背が高い」などと判断されます。

私がデフレを説明するときに、いつも苦労するのが、この点です。

「今は住宅ローンの金利が低いから、住宅がお買い得」というような発言を、住宅の専門家といわれる人たちが平気でするので、毎回、くらくらします。

なぜなら、「今お買い得」かどうかは、住宅ローンという負債と、住宅という資産のバランスから決まるのであって、住宅ローンの名目金利が低いのは、あくまでデフレで、住宅という資産の価値がどんどん目減りしているからです。いくら金利が1％で安いように見えても、購入した住宅が年に2％ずつ値下がりすれば、実質的な金利負担は3％になります。80年代のように、金利が3％でインフレ率が2％なら、住宅価格の値上がり分で金利が相殺されるので実質的な金利負担は1％です。デフレの時代は借金することはよほど損なのですが、みんなこんな簡単な引き算が分からないのです。

まずは物事を数字に置き換えること、そして、その数字同士を比べることで、判断を行ったり、仕組みを理解することが必要になります。このことを極端に突き詰めたのが、数学や物理などの理論です。

経済学でも、漠然と話をするのではなく、その理論をモデル化して数値に置き直すことで初めて、汎用《はんよう》性があるかどうか分かります。私が大学院で専門に学んできた会計学でも、さまざまな会計数値の統計処理を行って比較可能な形にした上で異常な値をはじき出すことで、粉飾決算の可能性が高い財務諸表などを抽出することができるのです。

数学が苦手ということは、数学が苦手なのではなく、抽象概念に置き換えて物事を理解することが苦手なのだと私は解釈しています。私は、数学や物理は大好きな科目でした。周りが「就職が厳しいから」と止めなければ、きっとまっしぐらに、数学者か物理学者を目指していたと思います。

なぜそこまで大好きだったかというと、わずかな公式や仕組みを覚えるだけで、新しいことがどんどん分かるからです。なんて楽しく、美しい学問だろうと思いました。そして、大学生・大学院生になると、数字は数学や物理の世界だけではなく、さまざまな社会現象にすべて汎用的に使えるということが分かり、とてもうれしく思いました。

社会科学において、数字を使うとさまざまな恣意《しい》性が入ることは確かですが、それでも、数字がない議論とある議論ではその質がまったく変わります。私が2010年秋、政府の「事業仕分け」に携わった時にも、ひたすらこだわっていたのは、数字でした。想定している事業目的に数字的な目標があるのか、そして、その数値に対して的確に税金が使われているのか、ということです。

ざっくりといえば、私たちは1年間に平均約40万円の国税を国庫に納めています。したがって、国が4000万円を支出するときには、私たちの国税1年間100人分を使ってしまうわけですから、果たしてそれだけの価値があるのか、見極めないといけないわけです。1億何千万人分あるからといって、無限にあるわけではありません。

また、数字には、単なる量を表す「スカラー」と、量だけではなく向きを合わせた「ベクトル」があります。ベクトルは、複数のスカラーを合わせて規定したものです。例えば、「投入労働量」はスカラーですが、「労働生産性」はベクトルになるわけです。

学校の成績はスカラーです。なぜなら、勉強の量が分からないからです。一方、実務で必要なのはベクトルとしての数値です。制約条件の中で、ある時間で、ある投入量で最大の効果を発揮しなければいけないわけですから。

もう少し身近な例を挙げると、スーパーマーケットで特売品を購入するかどうか判断するときに、判断材料が値引き額だけしかないと、それはスカラーですが、値引率や賞味期間内での劣化度を計算しながらお買い得度を測ることは、ベクトルで考えていることになります。

多くの日本人は、数字と数字を組み合わせた瞬間に頭がフリーズしてしまって、議論にならなくなってしまうのです。インフレになると金利が上がって国債の支払いが滞るという論もよくありますが、インフレになっても、金利を上回って税収が上がれば、滞ることはありません。

このような数字に対する直感的な概念、特に、数値を比較してベクトルで物事を判断する癖を持っていると、ストリート・スマート的な頭の使い方ができるようになります。これは数学が得意かどうかとはまた別の考え方です。なぜなら、微分積分が得意でも、実務になるとからっきしダメ、というアカデミック・スマートも少なくないからです。

いつも、まず数字化を行い、そして、四則演算をしながら、ベクトルとしての数字を見る癖をつけること、それができるようになれば、見える世界がずいぶんと変わってくることでしょう。

頭がいい人の習慣7

リスクテイカーである

私が最も尊敬するストリート・スマートの人たちに創業者社長たちがいます。ほとんどの人は特に高学歴ではありませんでした。しかし、何が今の成功を支えたかというと、徹底的な実践主義とリスクテイキングです。

創業社長の多くは、さまざまな人から話を聞いて、そして、書籍で読んだヒントを、実直にすぐに試しています。もちろん、実際に試してみるのは、リスクが伴います。失敗するかもしれませんし、実際に失敗していることのほうが本当は多いのです。

しかし、失敗を恐れないリスクテイカーは、何度も成功や失敗を繰り返してフィードバックを繰り返していくうちに、学校では決して教えてくれない概念操作を自然に身につけていきます。「オッカムのカミソリ」も、結局は実践の中からでしか、研ぎ澄まされないのです。

逆にアカデミック・スマートな人は自分を守ろうとして、リスクにチャレンジしない人が多く、そういう人は、机上の空論だけで終わっていきます。その結果、会議のプレゼンテーションやペーパーテストにより近いところでは、大変な力を発揮しますが、実務をやってもらうと、ボロボロです。私はこういう人のことをひそかに、「会議番長」「プレゼン番長」と呼んでいます。

ストリート・スマート力《りょく》は、リスクを自分で取って、体験しないと決して磨かれません。なぜなら、スポーツに近い、経験にもとづくスキルだからです。

ふたりの成功した経営者のエピソードがあります。

ひとりめの経営者は、スポーツ系の小売店を経営していたところ、どろぼうに入られて、何百万円分か商品を盗まれ、手形が落ちなくなってしまいました。このままでは倒産する、どうしよう、と手詰まりになった時に、思い切って問屋から商品をたくさん仕入れて、以前より価格を下げ、利益を薄くして販売したところ、回転率が上がって客が増え、盗まれた商品分の利幅が無事、手形が落ちるまでに出て、倒産の危機を免れることができました。

これまでのやり方では、会社がつぶれそうになったときに、こういう行動に出るのが、まさしく、ストリート・スマートなのです。実際、利益が薄い価格で販売しても、商品を盗まれない限り、それほどリスクがないということに偶然のきっかけから気づくわけです。お客さんも喜び、客も増えて、物も回転して、盗まれた分の損失も埋められたので、これはいけるぞ、と思って、業態を一気に廉価大量販売に変える決意をしました。これが第1段階でした。

すると次に何が起きたかというと、問屋にいじわるをされ始めたのです。同じ業種の他店が「あの店は回転率がいいから、値引きができるが、その影響でうちまで値崩れを起こす、たまったもんじゃない」と問屋に訴えました。そのため、問屋が物を回さないなどのいじわるをしてきたので、しかたなく、自社商品、いわゆるPB（プライベート・ブランド）の開発に着手しました。

人気メーカーの商品分析をして、新商品を企画開発し、日本のメーカーに持ち込んだところ、作ってくれなかったので、海外のメーカーに頼むようになりました。すると、日本のメーカーが非効率に物を作っていたこと、メーカーには大きな利幅があったことに気づき、ＰＢであれば、同等の品質の商品をより何割も引いた価格で提供できることが分かったわけです。

さて、この会社はどこの会社でしょうか？　これは、日本でいちばん大きなスポーツ小売店チェーン、アルペングループの社長、水野泰三《みずのたいぞう》さんから直接聞いた話です。追い詰められ、背後にある物流の仕組みや顧客の対応を学習し、結果として会社が大きくなりました。机上の勉強ではなく、実践だからこそ、結果も迫力も出るわけです。もちろん、実現の過程には大変な苦労があったと思いますが、そこも同じようなストリート・スマート力《りょく》で乗り越えられたのでしょう。

水野社長は、最初のどろぼうに感謝して、週刊誌で何回も「どろぼうさん名乗り出てください」と呼びかけたそうなのですが、残念ながら、まだ現れていないとのことでした。アルペンは、当初のウィンタースポーツ中心の品ぞろえから、最近はすっかりゴルフやフィットネス、電動アシスト自転車まで幅を広げ、売り出しています。

「どうやって業態変換をしたのですか？」と水野社長に尋ねたところ、「そりゃ、顧客と売り上げ現場を見ていれば、何が起きているのかは分かるよ。それに素直に従っていくだけだよ」とさらっと答えられました。おそらく水野社長は、違うきっかけでも会社を伸ばしていったと思います。たまたまきっかけがどろぼうだった、ということです。すなわち何か外部環境変化があったときに、それを味方につけることができるのが、ストリート・スマートです。

もうひとりの創業社長は、もともと小学校の先生でした。組合活動のゴタゴタで、学校にいづらくなり、しかたなく自主退職しました。そこで、仕事がないので、これもしかたなく、妻が働いていた小さい学習塾を手伝うことになったのです。

すると、その塾のオーナーが高齢で引退することになり、「この塾あなたにあげるから、これで食っていきなさい」と言われて、塾の経営者になりました。

この塾のあった場所は、幹線道路から入った山のほうだったので、ライバルとなる大手の塾がありませんでした。そこで地域密着の指導をしたら、意外とニーズがある、ということが分かってきたのです。

それでは、大手塾が進出してこない住宅街の真ん中で、地域密着の地元中学の勉強をそのままフォローするような塾を作ろうと考えました。もともとが学校の先生でしたから、学校は業者テストを使っているということもよく知っていましたし、成績を上げるためには、問題と答えをある程度暗記させればいい、ということも理解していましたので、アルバイトの先生たちに、問題と答えを暗記させるためのノウハウはこうだ、ということを教えて、そればかり指導させたところ、「あの塾に行けば、子どもの学校の成績がみるみる上がる」、ということで大評判になり、どんどん生徒が集まりだしました。これが第1段階です。

第2段階は、評判になると、「あの塾をつぶしてやれ」と、大手の塾が同じエリアに進出してきた時からです。この社長がすごいのは、大手に顧客を取られるのはいやだと思って、住宅街からさらに奥まった、どの駅からも歩いて30分かかるくらいの場所に塾を作ったことです。そうしたら、競争相手がいないのでさらに成功し始めたため、ほかにも陸の孤島のようなところにどんどん塾を作っていくことを繰り返して、なんとか大手の攻勢から免れました。そうやって、大手をしのいでなんとかやっているうちに、あの塾はいいということで評判が立ち始めて、今では駅前に進出し、その地域では大手塾よりよほど生徒が集まっています。現在この塾は年商約60億円。上場はしていませんが、その地域では最大手塾の1つです。

かたやどろぼうに入られ、かたや組合活動のゴタゴタで先生を辞めざるを得なくなった、そのような追い込まれた状態になりますと、私たちの頭は、覚醒します。したがって、自分を追い込むというのも実は大事な方法なのです。

私自身もまったくのリスク回避者でしたが、大学生で結婚、出産をして、リスクを取らざるを得ない状況になり、結果として今の自由な生活があるわけです。

創業企業において、起業した1代目が大丈夫でも、2代目がどうしようもなくなってしまう場合があります。これは、2代目には、ストリート・スマートになるような追い込まれた機会がないまま社長になってしまうからです。逆に、2代目以降でもリスクテイカーなら、企業を成長させていきます。例えば、世界的な食品素材・生化学企業、岡山県の林原《はやしばら》は、現在4代目社長です。デンプンから水あめを製造して日本一の工場に育てた3代目社長が亡くなり、4代目が後を継いで間もないころに、砂糖に対する政府規制が緩和して倒産の危機に陥り、デンプン加工業からデンプン化学企業へ一気に方向転換し、大成功しました。リスクを取った4代目社長は、新しい創業者といえるでしょう。

破壊力を持って出てくる新しい企業というのは、水野社長の廉価販売や塾の社長の成績の伸ばし方の例に見るように、ちょっとしたルール違反に見えるようなこととか、思いつかなかったぞ、ということをやってきます。ぎりぎりのところで、「ここだったら勝ち目があるぞ」と踏んで、果敢にリスクを取っていくわけです。大企業ではソフトバンクの社長、孫正義《そんまさよし》さんはストリート・スマートの典型です。政治家では、元首相の小《こ》泉純一郎《いずみじゅんいちろう》さんも、強烈なストリート・スマートです。

とにかく、大事なことは、自分が変わったほうがいい、新しいエリアに進出したほうがいいということを理解し、そこでじたばたして初めて、概念操作能力も、オッカムのカミソリも、数字能力も、何もかも、磨かれていく、ということです。

しかし、それではいきなり、何もないところで大海に行けば泳げるようになるかというと、もちろんそれでは単におぼれてしまうだけですので、まずは少しずつ、大事なことを訓練して、大海に出る準備をしていきましょう。これから、より具体的な手法に入っていきます。

2章

頭がいい人の7つのスキル

「頭のよさ」は収入につながる

頭がいいと高い収入が得やすい、コミュニケーションが楽になりやすい、モテやすい、人の信頼が得やすい、そのようなことは、みんな大きな声では言いませんが、実は気づいています。そして、「頭のよさ」を計測する手法としては、知能指数であるＩＱや、心の知能指数と言われるＥＱなどに、実践的知能や創造的知能であるストリート・スマートを加えて、私たちは漠然と、相手の能力を「頭がいい」と考えます。

しかし、どの程度のＩＱやＥＱがあれば、どのくらいの収入になるのか。このことは、「美人や美男なほうが、モテやすく収入が上がりやすい」という話と同じように、みんな薄々と、あるいははっきりと知ってはいるけれども、明示することは、特にマスメディアを中心に「タブー」となっています。

なぜ、頭のよさが収入につながりやすいかというと、職業選択の幅が広がるためです。さまざまな仕事の中で、限られた時間内に大量の情報を取得し、取捨選択し、的確な判断を下して、次の行動につなげることができる人材は、多様な仕事に適応が可能であり、結果として、その人を雇うことで企業がより高い利益を上げられるようになるため、高給を手にすることができます。

一方、単純作業に近いものはこなせるものの、少しでも自分で問題定義を行わなければいけない仕事や、創意工夫が必要な仕事に対して適性を欠く場合には、限られた仕事の中から職業を選択しなければなりません。特に最近は、グローバル化やＩＴ化の進展で、単純作業は海外やコンピュータのほうが安くなってしまったため、３Ｋ（きつい・汚い・危険）のような仕事しか残らなくなってきてしまってすらいるのです。

また、これまでは、そのような形で職業選択が収入の多寡に大きく結びつく傾向があるのは主に男性でしたが、男女共同参画により、女性も同じように収入に大きく幅が出るようになってしまいました。

そして、さまざまな「頭のよさ」を習得する機会がないまま社会に出てしまうと、人にだまされたり、場合によっては反社会的な勢力に利用されたりしてしまいます。結果として、実はこれもタブーになっているのであまり公表されていませんが、犯罪に巻き込まれる確率が上がり、非合法な仕事を職業として選択せざるを得なくなります。なぜなら、「物事をよく考えない人」を利用して儲《もう》けようとする悪い人が世の中にはたくさんいるからです。彼らは「楽して儲かる」おいしい話を持ってきます。自分の頭で考えず、易《やす》きに流れる人は合法的でない仕事のリスクに考えが及びません。

これは極端な例ですが、秘書給与詐取の容疑で逮捕立件され、実際に刑務所に服役していたことがある元衆議院議員の山本《やまもと》 譲司《じょうじ》さんは『累犯障害者』（新潮文庫）という本を書きました。その中で、日本の刑務所に服役している受刑者の中に、本来福祉でケアされるべき知的障害者が犯罪者として刑務所に入れられている現実を赤裸々に語っています。

IQを決めるもの

それでは、いわゆるIQは何で決まるのでしょうか。これまで信じられてきたのは、いわゆる遺伝的要素でほとんど決まってしまう、という仮説でした。20世紀後半は、例えば別々に育てられた一卵性双生児の研究などを通じて、知能や才能はほとんどが遺伝に左右されていると考えられていたのです。しかも、残念ながら、いまだにこの仮説を信じている人が多いのです。

ところが、20世紀の終わりから21世紀になって、心理学、遺伝学、神経科学、教育学などから「知能のほとんどは遺伝で決まる」という仮説が覆される分析や実験結果が相次ぎました。もちろん、教育を受けないで勝手にIQが高くなることはありませんが、実際には、受けることができた教育、文化的・社会的影響、経済的影響などの環境要因のほうが、遺伝要因よりも大きいと考えられるようになったのです。

これまでIQについて、遺伝要因がより過剰に見積もられていた理由は、ある両親の下に生まれた兄弟のIQが同程度である場合、その兄弟は単なる遺伝的要素だけではなく、その環境要因も近い性質のものになるため、どこまでが遺伝的要因で、どこまでが環境的要因か区分けがつかなかったためです。すなわち、生まれが、遺伝的要因と環境的要因の両方を示す「代理変数」になってしまっていたのです。

代理変数とは、1つまたは2つ以上の観察が難しい変数について、それと近似し、かつ、観察しやすいデータになっているものです。例えば、代理変数で分かりやすいものに「太っているか太っていないか」というものがあります。

大阪大学の行動経済学のチームの研究に「BMI（体格指数）が25を越えるような肥

満傾向の人たちは、そうでない人たちに比べて*統計的有意に借金が多い」という結果がありました。それでは、私たちは太ると借金をするということなのでしょうか？

実際にはそういうことではなく、「太っている人」というのは、行動経済学的観点からとらえると「時間割引率が高い人である確率が大きい」ということになるからです。「時間割引率が高い」というのは、「現在の自分の行動の影響で、将来の利益が減ってもよい」ということで、分かりやすくいうと「我慢強くない」ということです。

太っていることが健康に悪いということは、誰でも理解しています。したがって、適度な運動と適切な食生活が肥満にならないためには欠かせないのですが、実際に運動や食生活を改善したとしても、体重が本当に減るのはずいぶん時間が経《た》ってからです。同じように、たった今、目の前においしい物があったときに、それをおいしく食べたとしてもすぐには体重は増えないのですが、長い時間で見ると少しずつ、余計なカロリーが脂肪として蓄積されて、特に高年齢になったときに生活習慣病や高血圧を引き起こす可能性が出てきます。我慢強くない人は、目の前の誘惑に勝つことができずに、それが将来困ると分かっていても、より楽な選択肢を選ぶ傾向があります。一方、我慢強い人は、将来のために現在からコツコツと投資を重ねることができます。

これを体重に置き換えると、我慢強い人は、肥満になることを避けようとして現状の食べ物の誘惑に勝つことができます。したがって普段から節制しているため、十分な預貯金があって、わざわざ金利の高い消費者金融で借り入れをするようなことにならないし、借り入れが必要な消費行動も避ける傾向があるということなのです。

もっとも、この話をすると必ず「では、太った人は必ず借金まみれなのか。私の知り合いの金持ちは無借金経営の会社をやっているけれど、太っているぞ」と言い出す人が出てきますが、もちろん、全員がそうではありません。あくまで、一定以上のＢＭＩの人を母集団とした場合、そうでない母集団に比べて、統計的有意に、消費者金融から借金をしている人が多い、というそれだけなのです。

余談ですが、この時間割引率は男女で大きな差があり、男性のほうが高く、女性のほうが低くなっています。すなわち、男性のほうが我慢強くないのです。このことで、男

＊同じことを別のサンプルで繰り返しても、95％以上や99％以上などの高い確率で同じ結果が出ること。95％のときは有意水準５％、99％のときは有意水準１％という。

性のほうが肥満が多く、喫煙率も高い理由の一部を説明できます。そして、この時間割引率が高い人ほど、目先の欲や利得にとらわれがちであり、さまざまな販売促進策についてもそういう人たちをあえてターゲティングして行われるものもありますので、注意が必要です。また、この時間割引率は、収入が高い人ほど、学歴が高い人ほど、小さい傾向があります。時間割引率は、複数の要素をかんがみながら中長期的な視点で物事をとらえたり、行動したりすることができることの代理変数になるからです。

再び、ＩＱのよしあしは遺伝で決まるのか、ということに戻ります。確かに、ある両親から、その遺伝子を持って生まれて、その両親が調えた環境で育つと、どうしても生まれがＩＱを決めてしまう要因が多くなってしまうでしょう。

しかし遺伝については、例えば、アメリカのさまざまな研究者が、事後において差が出ている白人と黒人のＩＱについて、本当にその要因が人種によるものなのかどうかという分析を行いました。かつての通説では、民族ごとにＩＱが違うといわれていましたが、現在では、遺伝的には知能の差がない、というのが結論です。

知能の差についての参考文献
『人間の測りまちがい』スティーヴン・J・グールド著／河出文庫
『頭のでき』リチャード・E・ニスベット著／ダイヤモンド社

それではなぜ、民族ごとに学術テストの平均点が異なるのかというと、環境が異なるからです。勉強・教育をふんだんに受けられる環境を子どもたちに調えることができさえすれば、頭はよくなります。

KIPPというプログラムがニューヨークを中心にアメリカ合衆国で行われています。教育環境の恵まれない地域にある大学受験準備校のネットワークで、ヒスパニック*や黒人の貧しい子どもたちから希望者を募って、通常の倍ぐらいの授業数を行い、大学進学率をすばらしく上げています。KIPP以外のその地域の子どもたちの大学進学率が8%のとき、KIPPの子どもたちの大学進学率は90%近くになるというデータがありま

*ラテンアメリカのスペイン語圏諸国からアメリカ合衆国に移民した人とその子孫をいう。

す。

つまり、両親の遺伝子というのは、教育環境の「代理変数」に過ぎないのです。前述の時間割引率も、教育を受ければ受けるほど低くなります。より合理的な判断ができるようになるため、判断力が増すためです。IQは遺伝で決まる部分よりも、後天的に習得可能な部分のほうがはるかに大きいのです。しかも、後天的な学習部分において、恵まれ過ぎた環境で育った場合には自力で学習する能力がつきにくくなるため、学習環境としてはベストでなかった状況から始まったとしても、自分で工夫をして学習を継続できた人は、生涯を通じて「頭のよさ」を磨くことができます。

1章では内面的な習慣を説明しましたが、この章では、ストリート・スマートな人の特徴をスキルの面から7つに分けて、説明していきます。

頭がいい人のスキル1

決して情報を鵜呑みにしない

テレビ番組の問題点とは

後天的な学習でストリート・スマートになれると書きましたが、残念ながら多くの人が陥りがちな罠《わな》が、さまざまな情報を鵜呑《うの》みにすること、例えば「マスメディアを学習教材にしてしまうこと」です。特に、テレビには注意が必要です。

テレビから知識を習得することについて、違和感を抱いている人は、あまりいません。ところが、テレビが発するメッセージは、料理にたとえると完全に調理済みの冷凍のお弁当のようなものですので、いくら食べても、私たち自身が調理方法を学べる仕組みにはなっていません。私がテレビに出始めた当初、企画スタッフや共演者から受けたアドバイスとして、「テレビのコツは、中学生でも分かるようにやさしく話すことだ」ということでした。実際、本当は複雑な内容も単純化して、「中学生でも分かるように」キャプションを流したり、シナリオを組んだりして、頭を使わなくても楽しめるような設計にしているのです。

頭を使わないと理解できないもの、つまり、「概念操作」が必要なものは、圧倒的多数の人に広告を見せることで収入を得ているマスメディア、特にテレビでは流れない仕組みになっています。その結果、一部のドキュメンタリーなどをのぞいて、概念操作を必要としないものばかりがテレビを延々と支配するわけです。

私が「必要以上の長時間、テレビを見ることはよくない」と言っているのは、正確には「目的意識なく、頭を使わず、概念操作を必要としないようなテレビ番組をだらだら見ないようにしましょう」ということです。なぜなら、その時間内は頭が思考停止をしてしまって、それを見ていなければできたであろう、頭の動きに対する機会損失が発生してしまうためです。

例えば、医学系の番組『たけしの健康エンターテインメント！みんなの家庭の医学』などは、何か新しいことへの気づきとしてはとてもいいと思います。しかし、そこはテレビですから、実際以上に何かの情報が誇張されている可能性があるかもしれない、ということに当然注意するべきですし、こういう気づきの番組を見て、そこで紹介されていることが気になったときには、医学的にどういう評価を得ていることなのかを、インターネットで調べたり、知り合いの医者に聞いたり、図書館や書店に出かけた際に関連する書籍に目を通す、などのひと手間をかけることが、頭の訓練になります。

自分で検証してみる

あるいは以前放映されていた『発掘！あるある大事典Ⅱ』というバラエティー番組が、2007年に「納豆を食べるとやせる」と紹介したことで、視聴者が納豆を買いに走り、店頭から納豆がなくなったことがありました。

もちろん、納豆が健康にいいということは誰しも認めるところです。しかし、そういう話を聞いたときには、自分でまず、基本的な知識を軸にその話がどこまで効果があるのか、検証する癖をつけましょう。

検証は、例えばこんなふうに考えてみます。

1　人が健康的な生活を維持するためには1日に何キロカロリー必要なのか。

私の体型（158センチメートル、54キログラム）の場合、1日に必要なエネルギー量は、おおよそ1800キロカロリーくらいです。

2　脂肪を1キログラム消費するために、どのくらいの摂取カロリーと消費カロリーの差が必要なのか。

約7000キロカロリーの摂取と消費の差が必要になります。

3　納豆1パックのカロリーはどのくらいなのか。
納豆は、低カロリー・高タンパクで繊維質も豊富です。1パックが50グラムとすると、おおむね100キロカロリーです。

4　摂取と消費エネルギー差を出すためには、何と納豆を交換すればよいのか
茶碗《ちゃわん》1杯の白米で200キロカロリーくらい、菓子パンになるとさらにその倍ですから、腹持ちを考えると、さまざまな炭水化物を納豆に置き換えるだけで、やせる可能性はあるでしょう。

5　摂取と消費カロリー差を7000キロカロリーにするためには、どのくらいの期間炭水化物を納豆に置き換える必要があるのか。
例えば、炭水化物の替わりに毎食納豆を食べて、その分、300キロカロリーほど差分を得たとしても、7000キロカロリーにするには、3週間以上が必要です。毎食納豆を食べる生活を1か月も続けたら、必ず飽きるでしょう。

ここまで検証してみると明らかなように、最低1800キロカロリーを維持しつつこ

れまでの食生活から摂取カロリーを減らすためには、毎食納豆を食べ続けるよりも、個人個人でよりよい方法が必ず見つかるはずです。

ちなみにこの納豆の話、事前に納豆が番組で取り扱われるということが流通に漏れていたらしく、番組放送前に一部の店舗などで納豆の発注量が大幅に上がっていました。また、番組内で放映された血液検査もねつ造だったことが分かり、番組打ち切りにつながっています。

同じく、２００６年に白いんげんダイエット法をテレビ番組が紹介したところ、白いんげんの調理法を間違え、下痢・嘔吐《おうと》などの体調不良を起こした人が続出して問題になりました。番組では専門家が注意事項を伝えていたのですが、視聴者にはしっかりと伝わらなかったのです。

これらの食品報道問題については、そもそも「ばっかり食べ」の弊害を知っていれば防げるものです。つまり、食品にはよい成分も悪い成分も含まれているため、同じ物ばかりを食べ続けると、毒性が偏った場合に、普通に食べている場合にはなんともない成分でも弊害を招く可能性がありますし、まして、知られていない成分もあるわけですから、リスクが高くなります。

さらに、食生活の観点からは長期的に継続できることが大事なのですが、仮に、納豆や白いんげんを食べて、一時期やせたとして、その食生活を一生続けるのでしょうか？ 炭水化物を全体的に減らす、という考え方を持たない限り、リバウンドする可能性が非常に高いと思います。

マスメディアなどから情報を得たときには、まず本当かどうか調べてみること。そして例えば食品の情報であれば、

・ひとつの偏った食品ばかり食べるのは意味がない
・長期継続できないライフスタイルではやせない

という、たった2つのことを知っていれば、ほとんどの偽物ダイエット情報は排除できるようになります。

世の中に易行《いぎょう》はほとんどない

ところが、こんな簡単なことを分かっているはずなのに、目の前の安易な情報に飛びついてしまうのは何が原因でしょうか。それはみんな、

「ムシがいい」

からです。ムシがいい、というのは、「努力はしたくないけれども、成果は欲しい」と思う心です。しかし、もし仮にそのような方法がダイエットで存在していたら、こんなに、手を替え品を替え、新しい方法が紹介され、流行《はや》るわけはないのです。いい方法があれば、とっくにそれが普及して、ダイエット法はいらなくなるからです。

私はこういった、ムシがいい方法を「難行《なんぎょう》」の反対語として、「易行《いぎょう》」と習いました。易行はもともと仏教用語では、難行を自力で行う代わりに、「阿弥陀《あみだ》仏に願うと極楽浄土に行ける」など、「他力本願の教え」です。残念ながら、世の中に易行で実現することは存在しません。私は、本を書くときに、一部の編集者から、売れるためにはなるべ

くふんだんに「易行」を書いてほしいと依頼をされ、そのたびに、反発を感じ、筆が進まなくなることがあります。

「世の中に易行はほとんどない」ということを知っているのも、まさしく、ストリート・スマートなのです。

もっとも、「努力しないとダメだ」ということは、アンケート調査などでは、誰も否定しません。100人に聞いたら、おそらく99人がそう答えると思います。しかし、自分のことで、何か特別の目的になると、急に忘れてしまうのです。みんな「ムシがいい」ので、自分だけは特別だとか、自分だけは特別な情報を知っていると勘違いします。自信過剰なのです。結果として、ありもしない「ムシがいい投資話」、例えば「円天」や「スイス・プライベート・ファンド」にだまされてしまいます。

マスメディアの危険性は、みんなが欲しがっている「易行」を否定しないばかりか、むしろ「易行」をたくさん運んできてしまうことです。私は、とにかくマスメディア(テレビ、新聞、雑誌)の報道は自分で検証もせずに信じてはいけないと思っています。

これはマスメディアの責任でもあるし、聞くほうの責任でもあります。まさしくこのことが「情報リテラシー」です。

なぜマスメディアが「易行」を運んでくるのかというと、答えは簡単で、広告費で成り立っているビジネスだからです。広告費で成り立つ、ということは、視聴者がその広告商品を買わなくてもその情報を得られるという「フリーライダー（ただ乗り）」になっているわけです。その目的を達するためには、薄く広い情報で、かつ、キャッチーな情報を配る必要があるため、質の部分については目をつぶらざるを得なくなります。そして、易行であればあるほど、量を取れるのですから、ついつい、易行に走るのも仕方のないことでしょう。

しかし、同じマスメディアでも、易行を行わずに経営が成り立っているところもあります。例えば、良質なテレビ番組の代表として、海外のものですが『ディスカバリーチャンネル』や『ヒストリーチャンネル』など、特定の分野に特化した番組配信がありま す。1時間とか2時間の長尺で、じっくりと1つのテーマを追うことができています。

つまり、テレビ番組を含めたマスメディアのすべてが悪いわけではないので、見る側が取捨選択すればよいのです。そのためには、メディアの質を検証するための知識と理解力が必要になります。しかもその知識は、「易行はない」などの簡単なキーワードをいくつか知っているか、知っていないかだけの差なのです。

このように私がマスメディアの「易行性」を批判しますと、必ず出てくるのが、「ではなぜ、勝間はテレビにあんなに出ているのか」というものです。これは易行性の次のキーワードで、私は「ゼロイチ議論」と呼んでいるのですが、物事をすべて単純化してしまい、その尺度でちょっとでも引っかかったものはすべて排除してしまう考え方です。

しかし、先ほどから書いているように、テレビ番組でもさまざまなものがありますし、私自身、発言の一部だけが紹介されるような切り取り型の番組に対しては、2009年の1年間、実際にテレビ番組の裏側を見て理解をした上で2010年からは出演をほぼ控えています。そして、いくつか持っているレギュラー番組は原則として私自身がMC（司会）を務め、1つの情報をていねいに報道できるものに限ることにしています。なぜなら、マスメディアの易行性を批判する以上は、自分自身が易行でないもので、視聴者に有用だと思ってもらえる情報を届けなければいけないと考えているからです。

マスメディアの圧倒的な利点は、電波という限られた資源を使うことで、一度に数百万人単位の人たちに情報を届けられるということです。したがって、そこで私が信じる良質なコンテンツを届けることができれば、先ほどの「易行はない」「ゼロイチ議論はよくない」というようなキーワードも、少しずつかもしれませんが、視聴者の方に浸透していく可能性があると信じています。

テレビ離れが起きる理由

私がテレビに少しかかわるようになって、テレビ側の姿勢としても本当によくないと思っているのは、テレビを作る側が「自分たちは、見る側よりも頭がいい」と無意識に思い込んでいることです。テレビのコンテンツを決定する権限のある社員はすべての人とはいいませんが、視聴者を中学生くらいの能力しかない、というふうに想定して、視聴者に過度な「易行」と「ゼロイチ議論」を押しつけています。その結果、想定視聴者の中学生にすらそっぽを向かれます。

私の友人で中学の数学教師は担任クラスの子どもたちに「テレビはバカ製造器になり得るということをよく理解しておくこと」と教えているくらいです。

そして、立派な銘柄大学を卒業したアカデミック・スマートたちが既成産業で作ってきたコンテンツは、だんだんとその裏側が透けて見えてしまうことにより、いわゆる「テレビ離れ」あるいは「新聞・雑誌離れ」が若年層を中心に起きてきています（表1参照）。

なぜ若年層ほどテレビ離れが進んでいるかといいますと、インターネットという代替的な情報源があるからです。パソコンやスマートフォン、携帯電話などの端末を持っている場合には、テレビを見たり、新聞を読んだりすること以外にも、ツイッターやブログ、ユーストリームにニコニコ動画、ユーチューブといったような多彩なマイクロメディアが、よりニーズに合った情報を提供してくれているためです。あるいは、電子メールやSNSのような究極の知り合い同士のカスタマイズされたコンテンツの交換も、マスメディア離れに拍車をかけます。

そしてまたここで勘違いされるのは、「では、マイクロメディアの時代が来たのか」とまた、ゼロイチ議論になることです。例えば、ユーストリームの視聴者数でテレビを

表1　テレビの行為者率と時間量(男女年齢層別)

		平日					
		行為者率			全員平均時間		
		'95年	'00年	**'05年**	'95年	'00年	**'05年**
国民全体		% 92	% 91	**% 90**	時間：分 3:19	時間：分 3:25	**時間：分 3:27**
男	10代	90	86	**89**	2:12	2:02	**2:06**
	20代	81	78	**79**	2:19	2:13	**2:11**
	30代	88	86	**83**	2:29	2:27	**2:15**
	40代	92	91	**85**	2:43	2:43	**2:23**
	50代	94	90	**90**	3:01	2:42	**2:56**
	60代	96	94	**96**	4:23	4:09	**4:18**
	70代以上	97	97	**96**	5:10	5:34	**5:22**
女	10代	91	93	**87**	2:11	2:27	**2:12**
	20代	90	89	**86**	2:57	3:01	**2:40**
	30代	94	91	**87**	3:16	3:05	**2:45**
	40代	93	95	**92**	3:25	3:34	**3:28**
	50代	96	96	**95**	4:06	4:08	**3:53**
	60代	97	98	**94**	4:47	4:42	**4:37**
	70代以上	96	94	**95**	5:08	5:04	**5:29**

＊行為者率とは、テレビを見る人の割合
データ出典：2005年国民生活時間調査報告書(NHK放送文化研究所)

上回っている番組はありますか、などと聞かれます。しかしそれは、本質を理解していません。ユーストリームなどは、視聴層が特定だからこそ番組を配信しているのです。
マスメディアの全部が不良情報ではないし、マイクロメディアの全部が優良情報ではありません。この原稿を書いている2010年12月現在において、マイクロメディアと、マスメディアの平均的な質を、信ぴょう性や分かりやすさなどから評価すれば、マスメディアのほうがずっと上でしょう。マイクロメディアにはばらつきがありますが、その中でほんの一部のマイクロメディアは個人にとって、マスメディアよりも優良な情報になり得るのです。

ここまで説明してきたことは、ひと言でまとめると「情報を切り分ける訓練」です。情報を得る機会はさまざまにありますが、そこで得られた情報を、いくつかの軸を持って、自分の情報に置き直し、鵜呑みにしないということです。そして、その切り分ける訓練のためには、私たち自身が日常的にさまざまな判断材料となる情報を蓄積していかなければならないのです。

ここに情報のパラドックスがあります。判断材料となる情報をたくさん持っている人は、さらに良質な情報を手に入れることができて、それがまた良質な情報を生みます。

ところが、最初の種となるよい情報を持っていない人は、間違った情報もそのまま鵜呑みにしてしまう。しかし、このよい情報をどうやって手に入れるかは、まさしく、私たちが自分の生活の中で感じたり、判断したりしていくしかありません。実際にテレビがいうとおりにやってみてうまくいかなかったじゃないか、という経験を通じて、「あれ?」と思えるかどうか、そしてそのときに次の一歩に進めるかどうかが、鍵《かぎ》になるわけです。

もっとも、この本を手に取るような読者の方々は、とっくにその一歩は進んでいる方たちなので、心配はしていません。

頭がいい人のスキル2　例外処理が得意

頭が悪い人のもうひとつの特徴として、やたらめったらと情報を欲しがる上、その情報が必要な理由についての言い訳が多いことがあります。これは何かというと、自分が判断ミスをする可能性を過剰に想定して、あらかじめ、そこに防御壁を立てておくために人から情報を得ようとするのです。すなわち、情報に対して本当に必要な情報と、例外的に必要な情報の区別がついていないのです。

例えば、私は日常的に講演依頼を受けますが、私が最も知りたいのは、「どんな人たちが聞きに来ていて、その人たちは何を私の話に期待しているのか」「講演の主催者は私の講演によってどのような効果を望んでいるのか」「何分話して何分質疑応答するのか」ということ、その3点だけなのです。

ところが、多くの依頼元の担当者が、ウィンドウズのOSのバージョンがどうか、パワーポイントがどうか、車で来るのか来ないのかなどの、周辺機器や当日の予定のことばかり問い合わせてきます。多くの場合には、エクセルやメールなどのテンプレートをこちらに送ってきて、それに記入をさせ、さらに1か所でも記入漏れがあったりすると、繰り返し、繰り返し、尋ねてきます。

しかし肝心の、私が知りたがっている3点についてはほとんど情報をくれません。なぜなら、担当者自身が把握をしていないからです。さらに当日の予定についても、本当に必要な「〇〇ホテルの××ルームに何分前までに来てくれ」ということが、担当者から届くどうでもいい質問メールに埋もれてしまって、探すのに苦労するくらいです。すなわち彼らは不必要な情報には過剰反応し、必要な情報は完全にスルーをしてしまっているのです。

私は、こういった仕事のやり方を「テンプレ（テンプレート）商売」と呼んでいます。テンプレート（定型的なデータのこと）が決まっていて、相手に応じて臨機応変に対応するということが自分もできないし、相手にも許さないのです。マニュアル型商売と言い換えてもいいでしょう。

分かりやすいテンプレ商売が、街の不動産屋さんの対応です。賃貸マンションなどを借りるときに、審査があるのですが、窓口ではテンプレートが決まっていて、経験が少なく、権限もないアルバイトなどのスタッフが対応するため、おかしなことも起こります。

例えば賃貸マンションを借りようとすると、たとえどんなに多くの資産を持っていて、家賃を前払いできるとしても、月々の定期収入がないと貸してもらえません。借り手や保証人の財産よりも、定期収入を重視するのです。「資産がそれだけあるなら、1年分前払いにしてください」などと交渉の仕方もあると思うのですが、そういう判断をしません。そのことに対する判断基準も持っていないし、権限もないのです。

堀江貴文《ほりえたかふみ》さんと対談した時に、「ギョーザに何をつけて食べるか」という話になりました。堀江さんは「僕はノンオイルのしそドレッシングをつけて食べる。すごくうまいんだ。でも、それを否定するやつがいるから許せない」ということを盛んに発言していました。「ギョーザにラー油としょうゆっていうのはテンプレートなんだよ、おかしいじゃないか、うまいものはうまいんだよ」と主張していて、面白かったのです。

頭が悪い人は、例外処理ができません。何が会話や交渉のポイントになっているかという抽象化ができないからです。マニュアルに書いてあることだけ、自分の知っているテンプレート情報を使ってしか周囲と交渉できないのです。ギョーザも、しょうゆとラー油とお酢以外はつけられないのです。

もし、この話を聞いて、自分がそういう仕事の状況に陥っていると感じた人は注意したほうがいいでしょう。周囲で「決まりだから」「前例がないから」「そういうものだから」ということばが飛び交っている職場にいる場合には、その上司や同僚の下からはさっさと逃げることを強く勧めます。

ベルトコンベヤーは壊れている

では、なぜ、テンプレート好きな人たちが多いのでしょうか。彼らは、テンプレート以外のことは必要ないと思っているからやらないのです。これまで日本は、ベルトコンベヤーに乗っていれば、テンプレ商売以外の能力はほとんど必要とされなかったので、ベルトコンベヤーへの乗り方や、はみ出ないやり方には長《た》けているのですが、学校や企業でそれ以外の能力を育てる習慣はありません。

でも、残念ながら、この日本においては、ベルトコンベヤーは壊れてしまっているのです。ベルトコンベヤーでできる仕事は、中国、ベトナムのような新興国か、ＩＴが代替してしまっています。あるいは日本に残っているベルトコンベヤー仕事は、大変な低賃金になっていて、いわゆる「ワーキングプア」状態です。

「痛くない注射針」で有名な岡野工業さんを訪問したところ、経営者の岡野雅行《おかのまさゆき》さんがつくづくと言っていたのは「樹脂のように、1工程で終わって、技術者や生産者があまり工夫をしなくても生産できる物は、日本はまったく競争力がないんだよね。逆に、日本に残るのは、うちみたいな深絞りしかないんだよ」ということでした。岡野さんのところは、金属の深絞りという、工程が8つにも、10にもなるような複雑なプレス加工のみを担当しています。そして、それぞれの潤滑油や温度、曲げ方などは確かにマニュアルに落とすことはできるのですが、最後は職人としての勘や、さまざまなメンテナンスから成り立つため、例外処理の繰り返しで初めて成り立つ技術になっているのです。

職人というのは特定の技術にものすごく長けた人であり、特定のことがとても熟達しているというイメージですが、熟達した職人というのは、実は例外処理の達人なのです。毎日、湿度や温度も変わりますし、材料も変わります。その変わった中で同じような結果を出し、あるいは、新しい物を求められたときに、どの部分にこれまでとは違う例外処理が必要なのかを見抜ける人が、熟達した職人です。

これまでは、ベルトコンベヤーに一度乗ってしまえば一生安泰だったため、教育は、例外でない処理をいかに効率的に行うかということに注力してきました。すると、ベルトコンベヤーに乗ってしまった人は、自ら気がつかない限り、思考停止状態に陥ります。まさしく、マスメディアの番組と同じです。易行を求め、ゼロイチ思考を行うのです。しかしそれでは、これからの日本では生き残っていけません。

今はサバイバルであることを認識する

これからは、サバイバルです。たとえ今安全なポジションにいたとしても、サバイバルに備えて訓練しておいたほうが楽に生き残っていけます。

今、私には、知り合いや、知り合いの知り合いを通じて新卒学生の就職あっせんをしてくれないか、という要望が相次いでいます。いわゆる早慶のような銘柄大学を出ていたり、公認会計士試験に現役合格をしたりしていたとしても、彼らが希望する大手企業に就職口がないのです。それは大手企業が成長していないためそもそも口が少ないということもありますし、企業側も、せっかく採用するのであれば、ストリート・スマート的な発想ができる人材を重視するためです。

ところが、学生の多くは面接でテンプレ型の問答、例えばアルバイトやイベントでのリーダーシップ経験などを繰り返し、面接官をあきれさせます。毎日、毎日、同じことを聞き続けるため、本当に疲れてしまうそうです。そしてそういう人たちは内定をもらえないのですが、自分が就職できないのは、学校の指導テンプレートが悪いからだと、就職窓口やゼミの教授に文句を言う他力本願を続けています。昔だったらそれでもよかったのかもしれませんが、今はそのベルトコンベヤーが壊れてしまっているのですから、そこに早く気づいた学生だけが、内定をもらえます。逆にそういう学生は、内定が集中してしまうくらいです。

例えば、私たちが無人島にほうり出された場合には、どうやって食べ物を得るのか、どうやって調理するのか、どうやって気候を観測するのか、どこだったら雨風がしのげるのか、どこだったら危険な動物が来ないのか、どうやって火をおこすのか、という知識が必要になります。そのときに、いくら『無人島サバイバルガイド』があったとしても、ほとんどそのままでは役に立たないということは自明でしょう。もちろん、ないよりもあったほうがずっとましですが、そのガイドを軸に、自分が考え続けなければならないのです。

今、日本で暮らしていること、今の社会で生きていくことは、無人島にほうり出された状態と似ていると私は思っています。無人島でも生き残れるのがストリート・スマートです。

たまたま親が建ててくれた家があったり、たまたま入れた会社があったりして守られている間は、日本が無人島のサバイバル状態だと誰も気づかないだけです。あるいは日本という大きな建物があるので、安心して庇護《ひご》下にあります。

しかし、この建物はいつ崩壊するか分からないし（実際にぐらついています）、建物の管理人だっていつ変なことを言い出すか分かりません。たまたまさまざまなインフラがあって、国家があって会社があって守られているのだけれど、サバイバルである、ということは本質的には原始時代から、何も変わらないのです。

しかし、学校教育では、社会の現実がサバイバルであるということを教えません。さらに、日本はどうも「競争は悪」という価値観すら、持っている国なのです。競争によって敗者が出た場合にその人たちが生活に困らないようにすることは必要ですが、競争の結果において努力して成功した人たちはそれなりの褒賞を得られるようにしないと、誰も成功しようと思わないし、成功した人たちがいなければ、社会全体は向上しません。それなのに、競争はよくないらしいのです。

さらに、学校でサバイバルを教えないのに、社会に出たらいきなりサバイバルになるため、そのギャップに苦しんで、いわゆる「五月病」などにかかってしまう人が大勢います。

私が、「新卒で仕事につくときには、なるべく市場原理が働きやすい職種、つまり、サバイバルが必要な職場に入りましょう」とアドバイスするのは、そのことがストリート・スマートになる訓練になるからです。

サバイバルが必要な業種というのは、営業や製品開発などの、結果がはっきりと目に見えて出る業種や部署であり、外部の人に業績を評価されるところです。例えば営業では、同じエリアを違う人が担当した場合に、はっきり違う結果が出ます。このようなサバイバルは一見厳しいようですが、実に本人のためになります。なぜなら、新卒のころは多少失敗しても大目に見てもらえますから、その間にサバイバル術を学んでしまえば、あとあとの大きな財産になります。

「総務部長問題」をなくせ

例えば、私がいたJPモルガン・チェース・グループなどは、営業や投資銀行部門だけがそのようなサバイバル職場になるだけでは人が伸びないので、人事、経理などの内勤についても、それだけを切り出した、グループ内向けサービス専門会社を作り、そこから銀行や証券会社の要望に応じて人を派遣して人事・経理のサービスを提供する、という形態を取っていました。

しかも、そのたびに毎回何時間かかったからいくら請求するという売り上げも立ちますし、私たちもその担当者の評価をフィードバックとして提出します。すなわち、内部の仕事だからといって、手を抜けない仕組みになっています。つまり、人事や経理部門に市場原理を入れたのです。

私は「総務部長問題」とか「システム部長問題」と呼んでいるのですが、ほかの人から厳しい評価を受けず、逆にこちらが発注ばかりでおべっかを使われるような立場にいますと、あっという間に人間、頭が悪くなってしまうのです。なぜなら、厳しいことを言う人がいないため、甘やかされてしまうからです。

同じく、私が勤務していたマッキンゼーは、総務部門を肥大化させないよう、総務専門のアウトソーシング会社を利用していました。そしてコピー機の選定とか、デスクの配置などをかんかんがくがくの議論の中で、業者とも厳しくやり合いながら、決めていくのです。なぜなら、そこで実績を出さないと、マッキンゼー側も違うアウトソーシング会社に置き換えてしまうためです。

こういったJPモルガンやマッキンゼーの非生産部門に市場原理を導入したような手法は、コンサルティング用語では「ベスト・プラクティス」、最上の実務、と呼んでいます。自分たちの経験則上、どのようなことを行えば最も成果が上がるかを考えた結果として根づいた実務だからです。組織とは、こういったストリート・スマート性を根づかせるためにあるのだと考えます。

自分で失敗をかぶる訓練を

一方、アカデミック・スマートな人たちが陥りがちな罠が「言い訳」と「匿名」です。アカデミック・スマートな人たちは、自分たちの失敗を上手に認められません。そうすると、失敗をしたときに、なんとかその言い訳をしようとします。また、その失敗を個人の責任ではなく、組織やそのほかになすりつけようとします。その代表例は官僚制度でしょう。

ストリート・スマートになるためには、

・「言い訳をなくせ」
・「隠れ場所をなくせ」

というのが、心構えとして必須《ひっす》になるわけです。

言い訳とか、隠れ場所があって、自分の名前が表に出ないと、ストリート・スマートの訓練にはなりません。ストリート・スマートには、自分の名前に課してやる、失敗をかぶるという訓練が必要なのです。

日本で最も人気がある病院のひとつ、亀田総合病院の亀田信介《かめだしんすけ》院長と話をしていた時に、伺った話では、亀田総合病院では「TKK出身の医者には気をつけろ」ということばがあるそうです。

TKKとは、東大、京大、慶應の頭文字でして、この3つの大学の医学部は最も受験偏差値が高いところです。そして、そこに入ることができたアカデミック・スマートなお医者さんには、高い確率で、打たれ弱い人が多いのだそうです。

例えば、新人の医者は点滴や注射など、どれも下手に決まっています。それを患者さんや、看護師さんに指摘されると、自分の失敗が許せず、恥ずかしくて、病院に出てこなくなったりしてしまうそうです。それもそのはずで、TKK出身の医者はもともと医者になりたかったのではなく、たまたまアカデミック・スマートだったので成り行きで周りの勧めから偏差値の高い大学の医学部に入ってしまって、気がついたら医者になってしまった人がいる確率が高いからです。しかし、医者というのは大変な長時間重労働で人に奉仕をする仕事であり、そこになじめないという悲劇が起きているのです。

私は慶應の中学からの内部進学生ですが、数学や国語などの成績がよかったので、内部進学で医学部に推薦を受けるだけの内申点を高校2年生の時まで持っていました。そして、高校3年生の時に、医学部に行くためには生物を授業として選択しなければならず、そこで念のため生物を取って医学部に行ける権利を確保しておくか、どうせ高い確率で行かないのだから取らないか迷ったのですが、現実問題として自分の性格を顧みたときに、「人へ奉仕を行い、それを喜びとする」「人の立場になって物事を考える」といったことが必須であると考えられる「医者」という職業には、何をどう考えても向いていないと考えて、生物選択を止《や》めました。

もし仮に、「せっかく行けるのだから、もったいないから医学部に行っておこう」と思って、私のような共感性に乏しい性格の人間がうっかり病院に行ってしまった場合に、きっと「あの人はTKKだから仕方ないよね」などと言われていたに違いないと思ってしまいます。

なお、TKK出身でも立派なお医者さんがたくさんいることも、もちろん念のため、書き添えておきます。この文章を読んで、「勝間はTKKの医者は全部ダメだと言っている」と思ってしまうのが、まさしく、ゼロイチ思考なのです。

自分の意見を持っており、人の意見に左右されない

私は「どうして自分の意見にそんなに自信があるの？」と聞かれることがよくあるのですが、それは、少なくとも、今まで得た情報の中ではそれがベストだと思っているからです。自信ではなくて、これまでの中では精いっぱいの考えを表明しているというある種の、あきらめです。そして、もし自分の意見が間違っていたとしたら、即座にそれを訂正すればいいわけです。

「ウォール街の投機王」といわれるジョージ・ソロスは、朝言ったことと夜言うことが変わるということで有名ですが、それはなぜかというと、その間に情報が変わったからです。だからこそ、為替でも、株でも、あれだけの柔軟性を持って、巨万の富を築くことができたわけです。

ちなみに、ジョージ・ソロスはアカデミック・エリートになりたかったのになれなかった人です。ロンドン大学のスクール・オブ・エコノミクスを卒業して、哲学者を目指しましたが、うまくアカデミック・スマートな世界で就職口を見つけたり、自分の論文

の価値を分かってくれたりする人がいなかったため、自分の人間の心理に対する分析、すなわち、ソロスの哲学が普遍的で正しいということを証明するために、投機家になったという変わり種です。

私は『ソロスの錬金術』（綜合法令出版）という著作が大好きなのですが、これは物事に対する認識が変化することで、逆に、その変化した認識が物事を動かしてしまう、という認識と現状の再帰性について考察した本です。彼は「再帰性理論」と呼んでいます。

そして、ソロスはその再帰性がどこに発生するかを見抜いて、相場をはり、ほかの人がテンプレ商売におぼれる中、人の裏をひたすら考え抜いて、億ドル単位の資産を築き上げます。ソロスはこの資産で、母国であるハンガリーをはじめ東欧諸国に多額の寄付を行い、教育に役立てました。東西の冷戦が終わったきっかけのひとつとして、ソロスの寄付による情報流通の強化があったといわれています。例えば、彼の寄付がコピー機につながり、そのコピー機によって情報の鎖国が解かれ、民主化に役立った、というようなことです。

実は為政者にとっては、民衆に対して情報コントロールを行うことが、最も簡単でコストがかからない、自分の地位を守る方法です。2010年は検察の特捜部がさまざまな証拠をねつ造すらしていたという衝撃のニュースが走った年ですが、しょせん、為政者はそういうものなのです。情報をコントロールして、自分たちに都合がいいように支配をしようとします。

それは民主主義国家といわれる日本も例外ではありません。ほうっておくと、政治家も官僚も勝手に天下り団体を作って、税金を搾取します。しかし、それは普遍的な中央政府のやり方なのですから、そこに文句を言う力をつけなければなりませんし、そのためには、人の意見ではなく、自分のしっかりとした意見や知見を持っていなければなりません。

無人島では、ほかの人が「あの木の実が食べられるよ」と言っていたとしても、その木の実を食べるかどうかの判断をするのは、自分しかいません。そして、食べてみておなかを壊して、初めてその木の実の特徴を学んでいくわけです。おなかを壊したところで「だまされた」と叫んでマニュアル本に悪態をついても、誰も何も助けてくれないわけですから。

つまらないことでも楽しむ

さらに興味深いことに、ストリート・スマートの人は、自分を満足させるためだけの、無意味な人の批判をほとんどしません。なぜなら、特定個人への批判をすることが、ストリート・スマートの視点から見ると合理的ではないからです。何かの集団に対する問題点の指摘はするけれど、具体的な人に対する粘着した批判はしない。なぜかというと、生産性が悪いからです。

例えば、私がさまざまな生活改善提案をしたり、政策立案をしたりしているときに、「でもあの人は2回離婚しているから」「あの人は鼻の穴が大きくて顔が気持ち悪いから」というような関係のない理由で批判をする人がいます。なぜそれを行うのかというと、ひと言でいうと「気が済む」からです。自分の不快な状況を解消できます。でも、それだけです。

私が好きな本『運のいい人、悪い人』(リチャード・ワイズマン著/角川書店)の中では、運がいい人は4つの習慣があると指摘しています。そして残念ながら、人の批判を行う習慣は、その4つとは無縁なばかりか、4つのよいことを遠ざけてしまうおそれすらあるのです。

運がいい人の特徴は4つ挙げられています。これは、心理学者のワイズマン博士が運のよさ・悪さに興味を持ち、実際にさまざまな社会実験やアンケートの結果からまとめたものです。

1 チャンスを最大限に広げて、生かしている人
2 直感と本能を信じて、気づきが多い人
3 将来に対して目標や夢があり、幸運を期待する人
4 不運なことがあっても、それを幸運に変えられる人

すなわち、意味のない批判を行うということは、チャンスを排除してしまったり、気づきの機会を逃したり、必要以上に不幸を装ったり、あるいは自分が不運だと強く思い

込むことになりかねません。

ストリート・スマートに特に特徴的なのは、「つまらないことでも楽しむ」能力だと思います。例えば、判断能力が弱い上司がいた場合、「こんなバカな上司と組まされて大変だ」と思って上司の批判をするようなことはせず、「こいつは80％失敗する占い師なんだから、天才かもしれない」あるいは「上司があれだから、部下の自分の活躍の場が増えている」と考えるわけです。

ＡＫＢ48のプロデューサーとしても有名な作詞家の秋元康《あきもとやすし》さんが、面白い話をしてくれたことがありました。「犬のウンコを踏んだ幸運な俺」という話です。

ニューヨークに住んでいたころ、ロサンゼルスにいる友達を訪ねるために朝から飛行機に乗り、夜遅くに到着し、空港からタクシーで高級ホテルに乗りつけ、タクシーから降りたら、1歩目で思いっきり犬のウンコを踏んでしまったそうです。

普通の人なら「ああ、なんて運が悪いんだろう」と思うところですが、秋元さんはひと味違います。その瞬間に思ったことは、「これは奇跡だ。俺は天才かもしれない」だったとか。
荷物をパックして、あの飛行機に乗って、このタイミングでないと、ここで犬のウンコなど踏めないはず。高級ホテル前なので、あと数分ズレていたら、ウンコは片づけられていたかもしれない。それをわざわざ、ロサンゼルスまで行って踏める自分はすごい、やっぱり俺は天才だと思った、と言うのです。

この話を聞いたときには「どこまでが本当かな？　どこから作り話かな？」と多くの人が思うでしょう。

もしかしたら、どこかで犬のウンコを踏んだのは本当だけれど、話を最高に面白くするため、ロサンゼルスの高級ホテルに行った話に組み直したのではないか、という疑いを持つわけです。その根拠としては、例えば私は、これまで100以上の世界各国の高級ホテルに行ったことがありますが、ただの1か所でも、犬のウンコなど、見たことがないからです。そもそも、犬は一瞬でウンコをすることはできませんから、もしウンコをしていたとしたら、その過程でドアマンか誰かに気づかれてしまいます。

しかし、秋元さんは「不運も幸運に思おう」という事例として、その話を持ってきたわけで、それに対して「でも秋元さん、さすがにそれは作り話でしょう?」と言ってしまうのは、学びのチャンスを逃すことになります。

この話は、二重の学び構造になっています。まずは秋元さんが「不運も幸運に思う」秋元流の転換法を教えてくれたこと、そして、聞いた私たちは、この話から秋元さんが体験した本当の「不運」はどんなふうだったのだろうと考え、情報を切り分けてみて、秋元さんのロジックを学ぶということです。

えらい人の話だからと、そのまま鵜呑みにしてもいけません。しっかりと自分の考えを持った上で、照らし合わせる能力が必要です。同時に、例えばワイズマン博士が提示した4つの運のいい人の特徴を知ったあとでは、逆に、その特徴を持っていないのに運がいい人や、特徴を持っているのに運の悪い身近な人はいないか、その人たちは何が違うのか、というようなことも合わせて考えてみるのです。

非常識だが、生産性が高い

ストリート・スマートな人たちは、正直、慣れないと「いやなやつ」だと思います。なぜなら、自分たちが触れてはいけないと思っている、分かっていてもやっていないタブーを平気で侵略し、行動していくからです。あるいは、年中接していないと、つかみどころがない人たちだと思います。小ずるいと思うこともあるでしょう。また、人の意見に左右をされないということは、「非常識」と思われるような言動が多いということでもあります。

したがって、こういう人たちがいる、ということを理解しないままにつき合うと、「何を考えているんだろう」とか「何をしたいんだろう」「何を基準にものを考えているんだろう」「昨日言ってたことと、今日言ってることと違うじゃないか」と思ってしまうこともしばしばです。そして、反発すら、してしまいます。でもそれは、大切にしていることや、優先させることへの見解の違いなのです。

私は、初めて出会った人と話すときに、この人はどのくらい、ストリート・スマートという概念について理解があるか、つき合いやすいかという、「ストリート・スマート理解度」をなんとなく探るようにしています。それで、その理解度に応じて、私の対応も変えますし、また、できる限り、つき合いやすい相手である、ストリート・スマートな人たちと、仕事でもプライベートでもつき合うようにします。そのほうが、自分の生活にとって、ストレスがないからです。

ストリート・スマート度を計るいちばん簡単なものさしは、「オッカムのカミソリ」です。2~3時間話しているか、メールを5回繰り返すと、その人がオッカムのカミソリの使い手であるかどうかは分かります。

ストリート・スマートの人は、同じ成果なら労働時間が短いにこしたことはない、と考えますから、オッカムのカミソリが大好きです。しかしそれは、相手によっては「無礼だ」とか「説明が足りない」と感じさせてしまいます。

ストリート・スマートの人たちはしたがって、いわゆる「世間標準」から比べると、非常識だが、その人とつき合った結果としてのリターンが高い人たち、ということになります。なぜならストリート・スマートの人たちは、インプットとアウトプットの差である生産性を重んじるためです。

一方、アカデミック・スマートの人は、意外と労働時間に対する価値観を重んじます。つまり、労働時間が長ければ満足しがちなのです。名目上拘束されている時間が長いのに、実際にはほとんど仕事をしていない人もいます。立派な大学を出て残業時間が多いのに仕事の成果がない、というような人は、典型的なアカデミック・スマートです。

私は、「学生時代、ずっと1番だった人には気をつけたほうがいい」と思っています。なぜなら、1番を続けるためにはある意味、過剰なまでの投資を勉強に行わなければならないからです。例えば3000人受けたテストがあって、週に70時間勉強して1番の人と、35時間勉強して5番の人がいたら、私が雇い主だったら、後者の方を採用したいと考えます。

最近は変わったかもしれませんが、私が会計士試験を受けたころは、模擬試験の成績があまりにもいい人は、意外と本番の試験に受かりませんでした。それは、生産性が悪いほどに過度に勉強していて、「オッカムのカミソリ」が使えなくなっているためです。

当時、合格人数が350人くらいだったのですが、模擬試験で1~50位だった人たちよりも、50~150位くらいの人たちのほうが、合格率が高かったのです。なぜなら、会計士試験は実務試験のため、上手にアカデミック・スマートを振り落とすような設問を組んでいたからだと私は理解しています。

頭がいい人のスキル5 経験と概念を上手につなげることができる

ストリート・スマートな人は、自分の経験からどんどん学習して、ますますストリート・スマートになっていく能力を持っています。もともと自分でものの成り立ちや価値を判断する習慣があることと、そのような新しい考え方や経験を、今現在自分が行っている実体験に照らし合わせて、そこでまた新しい感覚を学ぶという繰り返しを、ある意味日々、無意識に行っているのです。

経験から学習するということを抽象的に説明するのは難しいので、ケースとして、「食べログ」のことを考えてみましょう。食べログは、実際にそこに行ったユーザーが5点満点で味や雰囲気などを評価して、評点を行うレストランサイトです。私も日々、愛用しています。

レストランを選ぶ際に、平均の総合評価が、「4点以上のお店はかなりおいしい」「3点未満のお店はいまひとつ」というのが、大まかな基準です。

ところが、総合評価が4.2点となっていても、まずい店はまずいし、2.5点でもおいしいところはおいしいのです。では、なぜ4.2点でもまずくて2.5点でもおいしいところがあるのだろうと、自分の経験を元に法則を考えることが重要です。

すると、まず気づくのが、レビュー数がレストランによってばらついているということです。したがって、数人か、せいぜい10人くらいの少ない評価で平均を出してしまうと、万が一でも「サクラ」が混在している場合には、そこで誤差が出てしまいます。

さらに、食べ物の種類、例えばイタリアンのような定番は評価が安定しているけれども、エスニック系はばらつきが多いとか、あるいは地域によって評価が定まりにくいところがあるなど、新しい法則に気づくことができます。

単に「点数の高い店に行ったけれどもおいしくなかった。食べログは信用できない」

と考えるのではなく、そこから何を学んで、次につなげるかということを考えるのです。ある意味、点数が高いのにおいしくなかった店に行けたことのほうが、新しい学びがあってラッキーかもしれません。

さらに私は、レビュー件数や評点よりは、個別具体的なレビューにより重きを置いて、店を選んでいます。点数はあくまで主観ですから、そこだけではなく、定性的な評価（店の特徴や味など、店の性質についての評価）も見るのです。そして、サクラかどうか見分けるコツはいくつかあるのですが、お勧めは、

・レビューの内容が漠然としていなくて、個別具体的な内容に評価があるか
・その人のほかの店のレビューは信用できそうか

という2点から、レビューそのものの信ぴょう性を見分けることです。これは、食べログだけではなく、アマゾンや楽天のように、ユーザーの評点が集まるサイトではすべて、同じような適用が可能です。

また、こういった情報処理を行う際には、統計の概念があることが、私たちの経験の融合を助けます。平均的にはやはり、4.2のお店のほうが、2.5のお店よりもおいしくなります。しかも、例えばこの食べログ、点数を出すときにレビューの人たちの単なる算術平均、すなわち、単純にすべての人の点数を足して、それを人数で割り戻したものでないことに気づいているでしょうか？

実は、「平均」という概念ひとつ取っても、私たちが慣れ親しんでいる単純な算術平均だけではなく、例えば複数の年数の成長率を計算するときなどに使われる相乗平均（幾何平均）や、平均時速を計算するようなときに使われる調和平均などもあります。また、この平均自体、単なる代表値を表しているだけですから、「中央値」「最頻出値」なども合わせて押さえておかないと、単なる平均だけでは理解が不足してしまいます。

なお、食べログのレビューが、ほかの同じようなレストランサイトに比べて信ぴょう性が高いのは、食べログは平均値を出すときに、信頼できるレビューワーの得点を平均値に強く反映させ、信頼できないレビューワーの得点は弱く反映させるというような工夫をしているためです。すなわち、目利きの点数は高く影響し、素人、またはサクラの点数は低く影響するようにできています。

そして、代表値である「平均」「中央値」「再頻出値」に加えて、必ず押さえておかなければならないのは「ばらつき」です。平均値が低くても、ばらつきが大きくて、ある特定の人たちは熱狂的にそのレストランを支持している場合、そのレストランには特定の層にとても受ける何かがあるわけです。

統計については、学生時代に勉強したけれども、そのまま遠ざかっている人も多いと思います。しかし、統計ほど、実務的に役に立つ勉強は少ないと思いますので、ぜひ、一通りの知識を身につけてみてください。先ほどから出している「平均」「中央値」「再頻出値」「ばらつき」などに加えて、「検定」「有意水準」「正規分布」「対数正規分布」などの基本概念を理解しておくことをお薦めします。そうすれば、多くのアンケート調査や数値データを理解するときに役立ちますし、その結果を踏まえて自分の行動を変えることもできるのです。

統計の訓練は意外と簡単です。統計の本を何冊か読んで自分で試してみたらいいだけです。お薦めの統計の一般書は、例えば古典ですが、ダレル・ハフの『統計でウソをつく法』（講談社ブルーバックス）という本や、門倉貴史『統計数字を疑う』（光文社新書）、谷岡一郎『「社会調査」のウソ』（文春新書）などがあります。

こうやって実例を出すと、きっと聞かれるのが「それでは、統計そのものの勉強をするにはどうしたらいいでしょうか」ということです。もちろん、ここで何冊かの基本書を紹介してもいいのですが、ここまで読んできたみなさんでしたら、やることは分かりますよね？　自分で調べることです。インターネットであたりをつけてもいいですし、書店の店頭に見に行ってもいいでしょう。あるいは、統計学講座に通うこともできます。統計をどうやって勉強するかという部分に、その学び方も含めて学び始めるということが、統計への勉強の第一歩なのです。

そして、今回は「食べログ」というケースを使いましたが、ここで大事なことは、食べログの細かい個別情報をどんどん覚えることではなく、学習したことを、一度抽象化をした上で自分の思考回路として補っていく習慣づけです。抽象化と、それに対して経験を照らし合わせるということを繰り返します。

また、私は過度に具体的な実例に頼ってしまうことについても懸念を持っています。勘のいい人は、同じ傾向のものであれば、実例が1つか2つあれば十分なのです。それを、あまりにも実例だけに頼り過ぎると、いつも実例がないと気持ちが悪くなってしまうでしょう。もし実例がもっと欲しかったら、概念を理解したあとで、自分で見つけるのがベストです。すなわち、

自分の経験 → より汎《はん》用《よう》的な実例 → 実例を統計処理したもの → さらに統計の上にある概念

というような形で、自分の頭の中でどの程度の抽象度の話を今しているのか、整理しながら、自分の経験を核として、より自分の思考のデータベースを膨らませていくのです。

例えば、子どもの学力に関係のある事柄として、家の中にある本の数、を前章に挙げましたが、本が何かの代理変数だというのは、本は「家庭の裕福さ」を表しているかも

しれませんし、「親の勉強熱心さ」を表しているのかもしれないし、「家の広さ」を表しているのかもしれません。学歴や所得はこの分析では別の変数として取り扱っているので、それ以外の何かだということまで理解していく、ということです。それを、ひとつひとつ、何が何か、ということを聞き続けないことが必要です。なぜなら、その部分の想像力は自分の経験から膨らませることができるためです。

同じような問題として、「学力低下と貧困には相関がある」というものがあります。日本でも、文科省が毎年実行する「全国学力・学習状況調査」の結果から、「経済力の低い家庭の生徒は、学力が低くなり、将来の貧困が固定化する懸念がある」という指摘がされました。例えば、高知県が2008年に追跡調査をしてみたところ、それが示されています。しかし、みなさんはもうお分かりだと思いますが、「貧困の家庭の子は学力が低い」という統計結果が出たからといって、貧乏だから必ず頭が悪いかというと、そうではありません。

「貧困家庭」の何が学力低下に相関しているのか、ということを考えなくてはいけません。しかも、このような問題をマスメディアで語ろうとすると、バッシングに合うおそれがあるため、誰もしっかりと語ろうとしません。

実例主義に私が懐疑的な理由は、統計的なことをひとつひとつの具体的な事例とつなげた結果、例外を見つけたりすると、感情的になって認知が歪《ゆが》むおそれがあるためです。マスメディアから流れる、分かりやすい実例に日々接していると、なんでもかんでも実例で理解する癖がついてしまうのですが、本来は概念を概念のまま理解する癖をつけたほうがいいのです。

何かが起きたとき、初めての物に接したとき、これまで自分が見てきた何かに似ているとしたら、どの部分が似ていて、何が違うのかが分かればいいのですが、実例に頼り過ぎると、そういうふうな頭の使い方になりません。

実例主義で、概念化で考えないということは、経験から学習することができないことになります。これでは、ストリート・スマートになれません。

到達点のポイントを見極め、手段を自分で見つけられる

ストリート・スマートな人にとっては、何かの目的に対して、どういう方法でそのことを習得するかということは、問題とは考えません。こういう目的だ、と分かっていれば、目的に合わせた道を自分で見つけることが習慣になっているためです。そして、その手段の見つけ方は、しなければならないことのポイントを押さえることから始まります。

先に紹介した、不幸を幸運に変えたスポーツチェーン店の社長や小学校の先生から転身した大手塾の経営者のエピソードから考えれば、こういう人たちは、窮地に陥ったときに言い訳をせず、追い詰められた時に、目的に向かってがむしゃらに道を探していったはずです。しかも、誰もやっていない方法を探したわけです。

普通はなかなかそこまで追い詰められないし、がむしゃらになるのは恥ずかしいし、追い詰められることは危険も大きいと考えて、避けてしまいます。

だからこそ、逆に、普段から追い詰められない状態でも、それなりに自分の道を探す

ということを自分で訓練しておく、ということが大切です。つまり、あえて背水の陣を自分で敷くことで、自分自身でやり方を見つけるPDCAサイクル*を回してみるのです。例えば、今、自分が背水の陣になってしまったら、どうするだろう、と考えてみましょう。

事例として「もし仕事でこんな失敗をしたらどうする?」と頭の中で考えてみるのです。

そういう、「もしも」のことは、そうなってしまうと困ると思って、考えないようにする人も多いようですが、シミュレーションであって、現実ではないわけです。そういう可能性があるにもかかわらず、ないふりをするのは、ダチョウが危険に合ったときに、土の穴の中に顔を突っ込んで、危険が去るのを待つのと同じです。そして、思考の訓練には自分のケースで考えるのがいちばん真剣になれます。

ほかにも、「もし、自分が逮捕されたら」というシミュレーションもあります。これは、警察も検察も正しくて、自分が悪いことをしないと逮捕されるわけがない、という

＊Plan、Do、Check、Action、つまり計画、実行、評価、改善サイクルのこと。

のが幻想だということは、3〜4冊検察・警察関係の本を読めば、簡単に分かります。特に2010年は、厚生労働省・村木厚子さんの事件で、検察官が供述調書をでっち上げて、無罪の人をわざわざ有罪にするように証拠を書き替えるということまで発覚しました。

危機感として、逮捕されたらどうするべきか、ということは考えておくべきです。実際に冤罪《えんざい》で不当逮捕され、起訴された人たちが本を書いていますし、テレビで不当逮捕された人たちの話を見ているはず。冤罪を未然に防ぐために普段どういうことに気をつけなくてはならないのか、ということも書いてあります。そこから、少なくとも自分の記録はしっかりとつけ続けること、検察官がでっち上げたストーリーを決して肯定しないこと、の2点は自分を守るために必要だということが導かれるのです。

これらのシミュレーションは、数学の問題を解くのと似ています。解法が見えてくると、定理が導かれます。ところが、定理は、数学では厳密なものが求められるのですが、現実は定理で解けるものばかりではなく、例外処理をどう行うかがより重要です。

したがって、まず確率論的に、経験的に「これだったら大丈夫だ」という定理で十分な対処を行ったあと、逆にそこからこぼれたときに例外処理を集中して考えればいいわけです。

さまざまなことの定理を自分で見つけて、思考を節約することを「ヒューリスティック（経験則）」と呼びます。ストリート・スマートな人は、優秀な実効性のあるヒューリスティックを持ち、通り道を知っているのです。つまり、目的に応じて、手段については現場で臨機応変に動くことができます。稼働能力が高いと言い換えてもいいでしょう。

しかも、ヒューリスティックがあると、リスクが計算できるようになります。私は人から「どうしてそんなにリスクを取れるのですか？」と聞かれることがありますが、「ある程度計算できるからです」と答えるようにしています。もちろん完全には計算できませんが、経験則から高い確率でこの範囲におさまるだろうな、ということが分かるのです。

そして、リスクがある程度の範囲内におさまる限りは、新しいチャレンジは継続可能です。会社などの所属していた集団から独立するときには、生活費2年分くらいはためてからのほうがいいと私がアドバイスするのも、仕事が立ち上がるまでの最大リスクを考えると、それくらいあったほうがいいということを経験的に学んでいるためです。

そして、万が一、最大リスクに到達しても、こうすればいい、ということが見えていれば安心だからです。例えば独立では、2年間うまくいかなかったら、向いていない、ということになります。

頭がいい人のスキル7

圧倒的なメリハリとスピード感が人を魅了する

佐川印刷は、グラビアの印刷ではトップランナーなのですが、グラビア印刷に進出したきっかけは偶然からでした。90年代の初頭、海外出張に行くときに会長がファーストクラスに乗って、たまたま見たルイ・ヴィトンのカタログのすばらしさに「これが印刷なのか」と驚いたことがスタートです。今後、ITが普及してきて、通常の印刷物はこれから減っていくという予測がされていた時です。

当時の佐川印刷は、伝票やカタログでも、そこまで高級ではない物の印刷が主流でした。しかし、「グラビアというのは本当にすごい。俺のところじゃこれは無理だ。どうやったらこれができるのか」とヨーロッパ中歩いて、いくつか提携先を見つけ、若い社員を20人近く送り込んで、数か月修業させて、機械ごと日本に持ち込んだのです。現在、千趣会やニッセンなど、主たる通販業者はみんな、佐川印刷でグラビアを印刷しています。

しかも、佐川印刷という名前で分かるとおり、佐川印刷は、佐川急便を中心としたSGホールディングスの一員です。通販業者からは、カタログがきれいなことに加えて、佐川急便が配送をやってくれるのが大きい、と聞きました。

佐川印刷はもともと、木下印刷という名前でした。佐川急便との縁は、故佐川清《さがわきよし》初代社長が出張に行くために名刺を作ったところ、当時の出入り業者が失敗し、急きょやり直す必要が生じて、偶然仕事を受注したことから始まりました。

しかも、その仕事の納期は翌日だったのですが、あえて数時間で仕上げて持っていったところ「おまえのところは仕事が速いな。これからもちょいちょい頼むから」ということで社長との交流が始まり、「木下さん、あなたやり手だから、機械を買ってやるから工場を大きくしなさい」というアドバイスをもらい、それにしたがって会社を大きくして、その後佐川印刷という名前に変えたのだそうです。とはいっても、佐川急便の出資は10％くらいだそうです。

ふたりの結びつきは、お互いに付加価値をもたらす関係です。佐川さんは「こいつは使える」と思い、木下さんがその期待に応《こた》える、これが典型的なストリート・スマートの人たちの成功の仕方です。

ストリート・スマートの必要条件に、スピード感があります。正しいか間違っているかではなくて、間違っていたとしても、スピードを優先させ、間違っていたら改良すればいいと考えるのです。フィードバックの速さで失敗はカバーできるからです。

もっとも、通常の多くの企業ではスピード感が失われ、実力が発揮できないようになっているのが大変残念なことです。ひとりひとりの実力を発揮しようにも、企業風土がボトルネックになってしまいます。

しかし、本来は、目的意識を持って、ストリート・スマート的に動くことで、人との結びつきも加速され、新しい知恵が生まれていくのです。

アインシュタインは、相対性理論を思いつき、こうだろう、という概念はあるのに、自分ひとりの力では証明できませんでした。どういう証明をしたらいいのだろう、と思い悩み、ミンコフスキーという数学者の力を借りたのです。

相対性理論を証明する式をミンコフスキーに書いてもらうのですが、その式は、アインシュタインとミンコフスキーの議論の中で出てきたものです。式が表すのは、「ミンコフスキー空間」と呼ばれ、四次元の空間なのですが、相対性理論に数学的基礎を与えました。アインシュタインは、自分の理論を証明する力を、その分野の優れた知性から得ました。目的のために新しい手段を考えたわけです。

天才とは、実はそれまでのデータと思考回路の結果です。無から有は決して生まれません。

私が訳した『天才！』（講談社）の著者、マルコム・グラッドウェルはそのことを何度も強調していました。しつこく、スピード感を持ってやり続ける人が、天才なのです。

「使える」人や物を見抜く力がある

「勉強を続けること」には、高い価値があると認識したほうがいいと思います。勉強不足だと何もできません。

アカデミック・スマートの人たちが、ストリート・スマートに対して反感を持つのは、現場知識ばかりで教養がない、というのが理由です。しかし、ストリート・スマートは、実はとても教養がある人たちが多いのです。現場能力が秀でているために、教養の部分が目立たない。あえて現さないために、はた目からは分からない、ということがあります。

私が今まで出会った尊敬する経営者や学者の方は、みんな勢いがあるストリート・スマートで、とにかく「勉強」も続けていました。なぜなら、勉強するほど、目的にたどり着くための手段が豊富になるためです。

先ほど例に出した佐川印刷の木下宗昭《きのしたむねあき》会長は、日本で初めての根付《ねつけ》美術館、京都清《せい》宗《しゅう》根付館を作りました。木下印刷は町の普通の印刷屋さんとして創業しました。社長は高卒で奥さんと起業して会社を大きくしたのですが、根付の目利きとしては、日本でも指折りの教養人です。

戦国時代や江戸時代は商人が丁稚《でっち》などの立場からスタートして、やがては豪商になって、茶の湯をたしなんだりしましたが、まさにそういう風格があります。

それを、芸大を出た人たちが「成金趣味」と言ったりします。しかし、正直、芸大を出て、美術の知識を深く持っていても、社会に還元できていない人がほとんど、という中で、稼いだお金で根付作品を集めて美術館を建ててしまうほうが、ずっと文化に貢献できているのではないでしょうか。

日本では、実業家に対する尊敬の念が薄いと思います。実業家の社会的・文化的貢献などが口伝になっていて、限られた範囲の人にしか分からなくなっているからだと思います。

ストリート・スマートな人たちはあまり「自慢話」に興味がないのです。なぜなら、「やりたいからやっている。以上」という感覚だと思います。腰が低い人も多いと思います。さまざまな文化的貢献も、聞かれない限り話さない。でも、人生に余裕があって、楽しく過ごしているのです。

そして、そういう人たちが「こいつ使えるな」と思ったときの力の入れ方は半端ではありません。私もこれまで、さまざまな、すでに地位を作り上げた方たちに教えてもらい、チャンスをもらいました。

実際、ストリート・スマートな人たちは、初対面で訪ねた私に、まるで十年来の知り合いのような扱いをしてくれ、人を紹介してくれ、家やパーティに招待し、チャンスや物をくれます。しかもそれは、私が有名でもなんでもない時からなのです。

おそらく、無意識に「この人は何らかの形で見込みがある」と思うと、すでにもう、無意識にそういうことを繰り返しているのでしょう。

ここまで、ストリート・スマートな人たちの具体的な行動を示してきましたが、これからは、ではどうやったらそれが身につくのかについて考えていきたいと思います。

3章

新しい考え方をもたらす7つの視点

普段の私たちの生活は、仕事場でも、それ以外でも、実はサバイバル（生き残り競争）です。サバイバルというのは常に環境を把握し、自分がどういうふうに動けば、最も効率的な方法で生き残っていけるのかと考え抜くことです。

過去においては、食糧を獲得することがサバイバルの最大の目的でしたが、現代においては、単に食糧だけでは飽き足らず、情報や自由など、より高度な精神的な食糧も、楽しくストレスなく生きるために必要になっています。逆に、そういったものが不足してしまうと、身体的な病気や、心の病気にかかってしまうのです。

生き残るために、私たちは情報や知的生産物や物を制作しています。これは単純にいえば昔の食糧の獲得、栽培などに当たるのです。

狩猟時代においては、誰かリーダーがいて、リーダーに従って狩りを行うことで、最低限の分け前にはあずかることができました。そして、リーダーが間違ったときには、そのまま従っていると生存の危機になるため、リーダーを追放して自分がリーダーになったり、あるいは独立して、新しい方法を習得して生き残りを図ったりしました。

こういった比喩《ひゆ》でいうと、ストリート・スマート力《りょく》とは、環境変化に対する生存能力だと私は思っています。環境変化が起こったときに、ストリート・スマートな人はこれまでよりも有利な立場に立てますし、そうでない人は、不利な立場に追い込まれていくのです。だからこそ、ストリート・スマートな人たちは変化を嫌うどころか、積極的に変化があるところに身を投じようとします。これは、過去における天候変化などと同じでしょう。天候変化があったときに、同じものを同じ方法で作り続けるより、違う作物や作り方を工夫したり、新しい土地を求めたりする人たちのほうが、変化を味方につけやすいわけです。

例えば、自分が所属する会社がどこかと合併して大きく変わるというのが、近年ではよくある環境変化です。それをよいチャンスとして社内でもっといろいろなことができるようなポジションを獲得するのか、これを機会に退職金を上乗せしてもらって独立するのか、あるいは、そのまま文句をいいながらずるずると勤め続けるのか、人によって同じ変化も、チャンスにもなるし、損失にもなります。

実は、環境が大きく変わらないときには、ストリート・スマート力はあまり実力を発揮しないし、自分自身の中にどの程度ストリート・スマート力があるかも気づきにくいのです。ストリート・スマート力は、環境変化に対するサバイバル能力なので、環境変化がないときにはなかなか能力が養われません。ところが、幸か不幸か、今の日本は変化のまったただ中にありますから、ストリート・スマート力を養う機会も豊富ですし、そのような能力がある人が活躍します。

孫正義さんと三木谷浩史さん

著名な人では、ソフトバンクの孫正義さんや楽天の三木谷浩史《みきたにひろし》さんは、ストリート・スマートの代表格です。ふたりともアカデミック・スマートな学歴がありますが、それよりも何よりも、ストリート・スマートな能力が高く、サバイバル能力は最強です。

ここ20年、さまざまな新興企業がＩＴ系を中心に創業されましたが、しっかりとした基盤を築いて残り、「プロ野球」という、ある意味エスタブリッシュメントの塊のようなところに入ることができたのは、わずかにこの2社だけです。

例えば三木谷さんは、ライブドア元社長・堀江貴文さん、サイバーエージェント社長・藤田晋《ふじたすすむ》さん、リキッド・オーディオ・ジャパン（現ニューディール）元社長・大《おお》神田正文《かんだまさふみ》さん、グッドウィル・グループ（現ラディアホールディングス）元会長・折口《おりぐち》雅博《まさひろ》さんたちともに「5人の若手起業家」といわれ注目を集めた人ですが、この中で逮捕も破産もなく生き残ったのは、なんと三木谷さんと藤田さんだけです。大神田さんは元役員への暴行などで逮捕・懲役刑確定。堀江さんは現在最高裁で係争中、折口さんは破産しています。それだけ、きびしいサバイバル環境なのです。

三木谷さんは、一橋大学↓日本興業銀行↓ハーバード大学経営大学院でMBA取得というアカデミック・スマートですが、興銀からハーバード大学に留学して人生観が変わったと語っています。すなわち、ハーバードというとアカデミック・スマートを育てるための場所のように思われがちですが、実はストリート・スマートを育てるための場所です。授業の中ではケーススタディの形で徹底して実践力を磨きますし、卒業生の多くは起業家となります。

勘違いされやすいのは、ストリート・スマートになるためにはアカデミック・スマートであることは不要か、じゃまなくらいではないか、ということです。実は違います。アカデミック・スマートはある程度定石を学ぶためには重要です。その上で、不確実な環境下で例外処理をできる能力があれば、強いストリート・スマートになれるのです。

孫正義さんは初めはソフトウェアの流通業として参入し、その後、ヤフーを展開したり、銀行を運営したり、日本テレコムとボーダフォンを買収して一大通信グループを作ったりしていますが、すべての事業がうまくいっているわけではありません。しかし、繰り返し、繰り返し、新しいことにチャレンジすることと、そのチャレンジに障害があった場合には、粘り強くその障害を乗り越える方法を考え抜くことで、不可能を可能にしてきました。

三木谷さん、孫さんおふたりに個人的に会った感想ですが、とにかく、「熱いけれどもひょうひょうとしている」という印象です。さらに、理不尽なことに対しては、勝つ見込みがあまりなくても、立ち向かいます。

例えば、三木谷さんは、医薬品を通信販売で売ることについて規制がかかろうとした時に、積極的に懸念を表明し世論に訴えました。政府の決定をひっくり返すまでにはいきませんでしたが、それでも、消費者視点に立ったときに、むやみに規制をすることと、ある程度の自主性に任せて通販でも買えるようにすることと、どちらが真の顧客保護なのか、考えさせる視点を提供しました。また、楽天市場をはじめとした楽天グループは、アマゾンやグーグルなど世界的な企業が牛耳るインターネット業界において、日本勢として生き残っている、ほとんど唯一といっていいグループです。その理由は、外資IT企業で活躍していた日本人が、日本支社というポジションに物足りなくなって、多少給料は安くなってもいいから（失礼）、自分の力を生かせるところで働きたいという考え方で楽天に転職しているからではないかと、身近な人たちの例を見ながら私は推察しています。

孫さんは、まさしく、日本随一のストリート・スマート的な経営者です。あそこまで粘り強い人は見たことがありません。もともと私は通信業界のアナリストだったのでずっとその動向を観察していましたし、個人的な親交を持つようになったのはここ2年くらいですが、国の理不尽な規制に立ち向かう姿は、感心を通り越して、圧巻です。

私はけっこう現実主義者なので、できることとできないことの区分けのうち、「ま、仕方ないか」ということで、ある程度現状を固定のものとしてから、できることをできる限りやろうということに逃げ込んでしまうところがあるのですが、孫さんはそもそもの現実をしっかりと変えようとしています。

その典型が携帯電話業界への参入であり、総務省主導の、国内のブロードバンド普及率を100％にするという構想「光の道」への光アクセス会社の提案であり、電波割り当ての不公平の是正です。もちろん、孫さんの意見の中には、当然のことながら自社のためのポジショントークや我田引水もあります。しかし、それでいいのだとも思っています。それぞれの人たちが自分の信念に向かって、その実現に最大限の努力を行うことで、社会が利益を得られるのですから。議論や意見があると、携帯電話にご本人から電話がかかってきて、短いときで15分、長いときには30分、私ひとりを前に、大演説です。おそらく、それを何十人にも、何百人にも、毎日繰り返しているはずです。

実際、孫さんという個人がいたことで、どれだけ、インターネットは固定網、移動網とも安くなったことでしょう。その一方で、私が雑談で「そうそう、孫さんに、福山雅治さんのオールナイトニッポンに出てほしいと頼まれたのですが、どうですか？」と尋ねると、「おー、いいですね。いつですか？」という感じで気軽に引き受けてくれる柔軟性があります。

私は三木谷さん、孫さんがやろうとしていることがすべてよいことだとは思っていません。それぞれが営利企業の経営者である以上、場合によっては公共の利益よりも彼らの企業グループの利益を優先するような誘導もあり得るでしょう。しかし、それは議論の内容を踏まえて是々非々で考えればいいわけであって、最終的には市場の淘汰《とうた》によって決すべき問題です。それを、例えば「国策捜査」などの手段を使って、目立つ奴は口封じという具合に、言論そのものを封鎖する方向に日本が向くのは絶対に間違っていると思います。

ストリート・スマートというのは、スマートということばは使っていますが、実際にはもっともっと「泥臭い」ものであり、例えば小さな世界では上司、より大きな世界では例えば国のような既得権益、あるいは大きな仕組みに対してチャレンジをし続けるものだと理解してほしいと思います。そして、その信念と勇気こそが、

問題発見 → 解の仮説策定 → 仮説の実行 → 結果の分析 →新しい問題の発見

の上手なPDCAサイクルを回し続けるし、その努力の過程において、多くの人を魅了し、味方につけ、大きなうねりを作っていくのです。

どら焼きを分析してみる

三木谷さんや孫さんだと話が大き過ぎるので、もう少し身近な事例を取り扱ってみましょう。この原稿を打ち合わせしていた時に「どら焼き」をいただいたので、どら焼きについて考えてみます。

なお、私は「ドラえもん」好きを公言しているせいか、手土産にどら焼きをいただくことが多いのです。私はどら焼きも好きですが、特に大好物というわけでもないので、人の連想は面白いと思います。

なぜ、ここで「どら焼き」を扱うかというと、目の前にあるありふれたことに対して、どのくらい新しいことに気づくことができて、興味を持つことができるか、ということが頭の使い方の大事な訓練だからです。

まず、いただいたこのどら焼き、紙の箱の中に10個入りです。箱の中には、つぶあん

3個、こしあん3個、ブルーベリー味3個、レモン味1個が入っていました。これは個人の家庭向けというよりは、企業へのお土産向きですね。なぜなら、個人の家庭はすでに家族が3人くらいしかいないため、10個入りでは大きすぎるからです。そんなことを考えながら、私は、まずこしあんのどら焼きを食べ、次につぶあんを食べてみました。

2つを食べ比べて気づくことは、こしあんより、つぶあんのほうが、どら焼きの味としてバランスがいいことです。なぜかというと、つぶつぶの感覚と、ケーキなどに比べるとちょっと堅めで厚めのどら焼きのふわっとした皮が合うからです。もしこしあんにしたいのであれば、どら焼きの皮をクレープのようにもう少し薄くてやわらかい皮にしないとバランスが悪く、ふわっとした今の皮だと、間の抜けたあんパンのようで、こしあんが皮に負けてしまいがちです。

そして、どら焼きを食べているときに、では、どうしてつぶあんのほうが皮とのバランスがいいのかと、もう少し突っ込んで考えてみます。そうすると、周りのふわふわとした皮に対抗するには、あんに引っかかり、つまりちょっとした食感がなくてはだめだということに気づきます。どら焼きの味の主役はあんこです。ところが、こしあんで、普段のどら焼きのふわふわふわとした皮だと、その引っかかりがなくて、主客が逆転して、皮のほうが主役に感じられてしまいます。

このように、つぶあんとこしあんを食べ比べると、なるほど「定番」には理由があるということがわかるわけです。どら焼きは、多くの老舗《しにせ》において、つぶあんが定番となっています。逆に、上品な練り切りのような和菓子では、つぶあんを使うことがありますが、ほとんどはこしあんです。つぶあんが定番になったのは、さまざまな人たちがチャレンジした結果の市場淘汰だと考えます。例えばどら焼きをこしあんで作ってみよう、というのはかつて何人もが考えたはずです。しかし、「イチゴ大福」のように新しい定番として生き残っていないということは、顧客にとってピリッと感じられるものがなく、リピーターにならないため、需要が少ないのだろう、と判断できます。

では、どら焼きをこしあんにする場合には、どんなお菓子になるのでしょうか？　やはり、皮を軽くしないといけません。こしあんに合うように、もう少し甘みを抑えて薄い皮にします。皮の厚さも場所によって変わらないよう均一にするため、クレープっぽく、包むのではなくて、ロールケーキみたいな感じにしたほうが合うでしょう。

このように、どら焼きにはこしあんとつぶあん、どっちがいいか、なんてお菓子屋の経営者でもない限り、どちらでもいいはずですが、そういうことを、どら焼きを食べながら、何となく、ずっと考えるわけです。さらに「もし私がこの店の主人だったら」と続きを考えます。

店主としては、こしあんのどら焼きを続けるべきかどうか。もちろん、顧客によってはつぶつぶが苦手という人がいますし、面白い物があったほうが客は買うかもしれない。あるいは2つを食べ比べることを考えれば、目先が変わった物があったほうがいいかもしれません。

こしあんどら焼きがまずいわけではないし、ユーザーセグメント（顧客特性）によってはこしあんが好きな人もいるでしょうから、こしあんがあることで、全体の売り上げが上がるなら残しておこう、などと考えながら、データを見て決めていくでしょう。

私が主人だったらすぐに実行するだろうと思うのは、つぶあんとこしあんの食べ比べを勧めることや、あるいは、こしあんの皮をつぶあんのものとは変えて、あえて違いを打ち出して、ひとりに両方のどら焼きを食べるようなインセンティブ（モチベーションを起こさせるもの）をつけることです。2個が多い場合には、ハーフ&ハーフのような、半分ずつの商品を作っても面白いでしょう。

こんなふうにさまざまな新しいことを考えていくのは、とても楽しいものです。では、このようないろいろなことを考える切り口として必要なものは何でしょうか？　私はおおむね、以下の7つの視点が必要だと考えています。

新しい考え方をもたらす視点1　知的な継続した興味

必要なものの筆頭は、何はなくても、知的好奇心です。知的な継続した興味というのは、接した情報を分析して考える癖、と言い換えられます。今回のどら焼きの分析のようなものです。

学校の勉強の問題点は「なぜ勉強をしているのか」という内的な動機づけを理解しないまま終わってしまうため、勉強はつまらないという印象を持ってしまいがちなことです。私は、自分が好きなものなら、勉強ほど楽しいものはないと思っています。勉強に没頭してしまって、ついつい、ほかのことを忘れてしまうくらいです。

そして、何でもいいから興味のあることの勉強を続けていると、範囲が次第に広がっていって、ある時から突然、なぜ勉強するのか、それぞれの科目にどういう意味があったのか、腑《ふ》に落ちる日が来るのです。「国語って、言語能力の勉強だったのか」「数学は概念操作の勉強だったのか」「理科って、科学的なものをどうやって証明するかの勉強だったんだ」と、専門家から見れば当たり前のことに、いまさら気づいて感動します。

新しい考え方をもたらす視点2 クリティカル・シンキング

日本語に訳すと「批判的思考」ですが、難しいと思うのが、日本で「批判」というと「否定」に近いような、悪い意味が入るということです。英語でクリティカルというのは特に悪い意味でもなんでもなくて、多面的な視点から、「健全な疑いを持って考え直す」ということです。つまり、何事も自分で確認するまでは、100%信じるなんてバカなことはしない、ということです。

例えば、最近の事例ですが、私は普段行かない街で駅に行く道を、通りかかったおまわりさんに尋ねました。そこで指示された道は、どうも、私の直感と異なります。昔だったらそれでも、「おまわりさんの言うことは間違いないだろう」と信じて歩いて行ったと思うのですが、最近はいろいろな仕事をしていて、「人間には間違いがある」と考えるようになりましたから、パソコンを取り出して地図を見てみました。するとやはり、かなり遠回りな道だったのです。

なぜだろうと思って、警察に詳しい知り合いに、私が聞いたおまわりさんの姿を説明したところ、「おそらくその人は、何かの警備のためにその地域以外からかり出されてきた人ではないか」ということだったのです。「おそらく、地元の人じゃないよ」。ではなぜ、詳しくないのだったら、詳しくないと言って間違った道を説明することを避けないのか尋ねたところ、「警察官なのに、詳しくないなんて恥ずかしくて言えないからじゃないかな」ということでした。

大事なことは、見たもの、聞いたもの、感じたものを鵜呑《うの》みにせずに、自分の直感と照らし合わせて、何か違和感があった場合には必ず確認する習慣をつける、ということです。最近、仕事で体験したことは「新車オーナーは平均的に13年間その車に乗る」ということを、車のジャーナリストの方が主張するので、「それは、複数オーナーをまたいでの話ですよね？　新車のオーナーはそんなに長く乗らないはずですが」と尋ねたところ、それでも、「いいえ、新車オーナーの話です」と主張を続けられました。

こちらも、以前でしたら「自分は専門家ではないし、専門家のいうことのほうが正しいのだろう」と引き下がってしまうところでしたが、最近は「グーグル」という強い味方となる「専門家」がいるので、ググってみたところ、やはり新車オーナーの継続利用期間は平均8年でした。13年は、ひとつの車の平均使用期間でした。つまり、おまわりさんでも専門家でも間違うわけです。

しかし、すべてを疑ってかかってもきりがないので、「ヒューリスティック（直感）」のエンジンをいかに鋭くするかが、クリティカル・シンキングの肝になります。実はマッキンゼーの大きな採用基準のひとつは、この「クリティカル・シンキングに優れているか」ということなのです。

ある意味、「クリティカル・シンキング」は、運動神経に近いと思います。地頭《じあたま》が優れている、優れていない、というのはこのクリティカル・シンキングができるか、できないかの差だと私は理解しているくらいです。そして、このクリティカルシンキングをうまくやるためには、

・全体の把握
・構造の把握
・客観値との比較
・他の情報との整合性

について、即座に理解をする必要があるのです。そのためには、やはり、自分で知識をつける、自分で考える、自分で調べる、この繰り返しで頭の基礎体力をつける以外、近道はないのです。日本の会議で行われているように、お互いに相手の顔色を見ながらその場の空気に誘導されるようなシチュエーションでは全く使えませんし、「確認する」習慣がない人にとっては、とてもめんどうくさいことに感じてしまうのですが、こ

のことに使用する時間的なコストや心理的なコストをどれほど使ったとしても、その結果はあまりあるおつりが来ます。だからこそ、私は常に最も速いノートパソコンと、通信機器を持ち歩いています。なぜなら、自分も他人も間違うことをよく知っているからです。そして、「衆人の知恵」としてのインターネットと照らし合わせることを忘れないようにします。

ただし、このインターネットによる衆人の知恵も、以下の４つの要件を満たしていないときには、かえってノイズになりますので、そこは注意をして使ってください。

・意見の多様性（さまざまな知見からの私的な情報を持っている）
・独立性（判断となるひとつひとつの知識・知見が相互に独立している）
・分散性（特定の事例ではなく、より普遍的なばらつきのある事例からの判断）
・集約性（さまざまな情報を総合的に１つの判断に集約するメカニズムがある）

衆人の知恵の参考文献

『「みんなの意見」は案外正しい』ジェームズ・スロウィッキー著／角川文庫

新しい考え方をもたらす視点3

概念操作能力

概念操作というのは、平たくいいますと、具体的な事象を頭の中で抽象化して、しかもその抽象化したもの同士を組み合わせて、新しいものを想像する力です。この概念操作能力は、人間にあって、コンピュータでは最も再現が難しい能力のひとつです。

抽象化というのは、対象物から特定の注目すべき要素を抜き出して、それ以外のものは無視するやり方です。ネット上で私たちが書き込みをしたり、新規にＩＤを取得しようとしたりしたときに現れる、ぐしゃぐしゃとした画像の中にある英数字は、スパムやボットなどの迷惑メール・システムを防ぐための画面です。

人間は瞬時にその中に書いてある英数字を見分けてしまいますが、コンピュータはどこまでが背景で、どこまでが英数字かを判断するために、莫大《ばくだい》なパターンと比較検討しないとそれが読み取れないのです。

先ほどのどら焼きの例で、私がこしあんだった場合に合うどら焼きの皮を想像することは、これはまさしく、概念操作です。頭の中で、現実にはないこしあんを食べて想像しながら、それに合う皮の味をやはり想像して、組み合わせているのですから。

優れたデザイナーといわれる人たちも、概念操作能力に大変長《た》けた人たちです。ユーザーにとって必要と思われる要素を把握して、その部分を強調するような形で、意匠デザインや機能デザインを作り上げます。まだそこにはないものを見る力、と言い換えてもいいでしょう。

アインシュタインはこの概念操作能力がずば抜けた人でした。彼の頭の中には、私たちの目に見えないものが見えていたのだと思います。

新しい考え方をもたらす視点4　データ収集能力

これは、これまでの能力に比べると、理解がしやすいでしょう。何か判断や理解が必要なものについて、客観的な情報を集める能力です。

データ収集能力には、

1　何のデータが必要なのか
2　どこからそれを集めるのか
3　集めたデータの価値をどう判断するのか

という3段階の能力が必要です。

最近はインターネットやデータベースが著しく発達したことで、どこから集めるのかということについてはずいぶん進展しましたが、逆にそのせいで、集めやすいデータを集めて満足をする傾向が出てきたことも事実です。

それより必要なことは、何のデータを集めるかという理解です。

例えば、下着会社のトリンプは、店頭の販売員が「売れた品物の情報」ではなくて、「お客さまの要望があったのに、欠品していて売れなかった物」を収集して、情報として活用しています。

なぜなら、売れた物はPOS（販売時点情報管理）データを見れば十分ですが、それはお客さまが欲しかった物のうち、たまたま売れた物がデータになっているだけですから、必要なデータの半分でしかないのです。それにいかに気づくことができるかということが重要です。

新しい考え方をもたらす視点5
画像化能力

視点5から7は、自分の考えを、整理したり、他者と共有したりできるよう、具体的に落とし込む能力を分けたものですが、大きいものは画像化能力です。何かの情報を画像のまま頭の中に取り入れて、それを再現したり、まだ見たことがない画像を頭の中で作り上げたりする能力です。

例えば視点3の抽象概念を頭の中で操作しようとしたときに、何らかの形で頭の中にその画像が浮かんだほうが、操作がしやすくなります。そして、画像の特徴は、大変大きい容量を一気に処理できることです。

実は私は、人の名前を覚えるのが徹底的に苦手なのですが、なぜか、相手の顔と服装と雰囲気は、写真で撮ったように、よく覚えています。かなり昔に会った人でも、会った場所とその時の服装、背景ごと、データベースになっているのです。あるいは、道具や看板なども、たくさんの物を、そのまま覚えています。

そして、その時に自分がさまざまな形で保管したデータベースは、将来自分が概念操作をするときのツールとなって、新しい絵を描くときに、その絵の具となるのです。

新しい考え方をもたらす視点6

数値化能力

画像が、想像するときに最も大きなデータを取り扱うものだとすると、数値はそれを徹底的に縮めたものです。何が大きいのか、小さいのかという議論をするときに、それが54%なのか、3%なのかというような形で数字に落とすことで、頭の切り替えを速くします。

対象そのものがあいまいなもので、本来は数字ひとつに決められないものを、無理やり過度に単純化を行い、数値に押し込んでいるわけですから、当然、誤りも間違いもあります。しかし、大事なことはその数字を通して、もともとどのような現象を表そうとしたものなのか、数字を通じてもとの「概念」を再現する、ということです。

例えば、先ほどの車の使用年数の8年、13年ということですが、この年数自体が大事なのではなくて、自分自身で8年使った車、13年使った車のだいたいの摩耗のイメージや、周りの人たちはどのくらいで買い換えているのか、中古車市場ではどんな車が出回っているのか、税法上の減価償却年数は何年なのか、など総合的なイメージの中から、その8年または13年の信ぴょう性を総合的に判断するわけです。

数字はあくまで思考の補助であって、メインのものにはなり得ませんが、数字があると概念操作を助ける上、他の同じような概念との比較検討も可能にします。

新しい考え方をもたらす視点7 言語化能力

どんなによいアイディアも思考も、人に示して共有できないと深まりません。そのときに、画像よりも、数値よりも、より有効なコミュニケーション手段となるのが、言語です。結局、何かの考え方を言語に落とし込むという、普段私たちが無意識に行っている「会話」そのものがすべて、概念化の作業なのです。

それに気づくことができれば、なぜ言語化が重要なのか、なぜさまざまな知識を学ぶ必要があるのか、なぜ専門用語が出てくるのか、概念を理解するのになぜたくさんのことばを持っていたほうがいいのか、するする～と理解できると思います。

また、漠然とした考え方をことばに落とし直す作業（例えば、今私が原稿を書いているのも、そういった作業のひとつです）そのものが、概念化の訓練であり、もやもやとしたものをしっかりと「オッカムのカミソリ」でそぎ落として、必要十分、かつ、最低限のことばに置き直す作業です。

誰かと話をしているときに、「この人、頭いいなぁ」と思うのは、その人があまり話さなくても、発言がしっかりとしたポイントを押さえており、筋道立っていて、頭の中でしっかりとした概念化ができていることが透けて見えるときだと思います。

逆に、この人本当にわかっているのかな、と思うときは、ことばが上滑りしており、しっかりと1つのことばともう1つのことばが連結していないときだと解釈しています。あるいは、雄弁過ぎる人も、必要な部分と不必要な部分の区分けがついていないわけです。

そしてここまで、いろいろな能力を話すと、それこそ、「○○さんは最初からそれができるくらいの頭を持っているけれども、私はだめだ」と言い訳をしがちです。しかし、このような頭を使うという能力は、スキル（技術）とウィル（意志）があった場合、ウィルのほうがはるかに重要です。

例えば、どんなに頭がいい人でも、中学生くらいまでは、概念操作は苦手だったはずです。ボキャブラリーも少なく、ヒューリスティックも稚拙です。しかしその後、学習を繰り返すことにより、頭を磨いていくわけです。そのことと同様に、それぞれが持っている素材を磨くのは本人の努力次第です。

しかも、この努力は、何歳からでもいいのです。なぜなら、この能力があと戻りすることはないからです。これはグルメと同じでして、生まれつきのグルメなどいません。

たくさんのレストランを訪ねて、あるいは料理を作って、舌が肥えてくるわけです。そして、グルメになるために何よりも大事なことは、食べ物が大好きだ、ということです。

このことは、頭の使い方もまったく同じです。何歳からでも、しっかりとした視点を持って経験を重ねれば、必ず効果が上がります。

人の力をレバレッジする能力が必須

ストリート・スマートの基本は、「人のレバレッジをかけること」です。レバレッジというのはもともと財務用語ですが、テコの原理を示していて、自己資本だけではなく、他人資本も調達することで、より大きな事業規模を実現することです。

これと同じで、人の力にレバレッジをかけるというのはすなわち、適度な他人資本を取り入れて、自己資本だけではできない結果を目指す、ということになります。特に大事なことは、何かを実行する際に、人によって得意・不得意が大きく分かれるということです。

自分がどんなに一生懸命やっても得意ではないことは、生産性も上がりませんし、やる気も出ませんから、まったく効果は上がりません。しかし、よくしたもので、私たちは、得意技と不得意技が人によって違うため、それぞれの得意技を使って何か新しいものを生産し、よりよいものを手に入れようという考え方です。

ストリート・スマートの人は、このことが徹底しています。私はこれまで、この人はストリート・スマートだなぁ、と思う人で、「自分だけが、自分だけが」という人にはほとんど会ったことがありません。みな、多くの人に囲まれ、よい仲間がいて、上手に役割分担をしています。そして、自分の弱みはここの部分である、ということを公言してはばからないのです。

また、ストリート・スマートな人たちは、底抜けに親切です。人に何かを貸したときに、恩に着せない、というのが大原則です。恩に着せない、というのは、自分からは決して返済を求めない、ということです。

しかも、ストリート・スマートの人たちは、これらをまるで自然に使いこなすのです。それは動物的な勘と言い換えてもよいかもしれません。初対面に近い人と会って「この人は大丈夫、信用できる」「この人は近づいたらやばい」というのは、理屈ではありません。直感で判断できるようにならないといけないのです。
そして、これらの判断には経験が必要ですが、おおむね、5年もあれば十分ですので安心してください。20年も必要とは言いません。逆にだからこそ、30歳を過ぎても人に対する観察力が弱い人は、問題なのです。社会人になると、注意深く相手を観察しながら、痛い目にあっているうちに、動物として、「この人を味方にすべきか否か」というところに動物的な勘を発達させなければならないからです。

ただし、実は希少なのは、お金では買えない「人の力の貸し借り」のような市場なのです。まさしく「ただより高いものはない」というのは名言です。何かをただもらいすると、その時に相手が与えた恩と、受け取ったと思う恩の部分に差が必ず出る、ということです。

したがって、何かをしたいと思ったときに、順番としては、まず自力で試してみる、自力では費用対効果が厳しいと判断したら、市場でその材・サービスが調達できないか考え、それでもうまくいかないときに、初めてツテやコネを頼ることにするわけです。

ツテやコネを初めからは使わないほうがいい理由は、市場価格よりも安く使うと相手に恨みが貯《た》まりますし、逆に市場では調達できないスキルというのは、希少資源ですから、価格がとんでもなく高いということもできるわけです。そして、ツテやコネというのは、相手の時間やお金を使うということだからです。

そのときに、こちらが支払っている対価は何かというと、自分の信頼です。したがって、十分な信頼が相手に対してあって、ちょっとやそっとではその残高が尽きないという自信があればツテやコネを使ってもいいのですが、そうでない状態で使いますと、相手に対して恩義という借金ができることになります。

そして、一度でも先にこちらが恩義を借りた相手に対する返済は、一生かかると思っていたほうが安全です。なぜなら、少しでもこちらが返済を怠ると、それに対して恨みに思う人が少なからずいるからです。貸したほうは、少なくともそれくらい思ってくる人はたくさんいます。

恩義の問題は、借りたほうと、貸したほうは、感覚が違うので、価値観が非対称なのでトラブルの可能性が大きいのです。1回貸し借りがあった関係で、特に借りから始まった人には、とにかく返し続ける。そこは間違ってはいけません。

人間関係はこのように、貸しから始めたほうが楽です。では、常に貸しから始めるかというとそのようなことはなくて、まさしくここで、上手に借りるのがストリート・スマートのやり方です。

「ここは借りておいたほうがいい。逆に、借りておくことで相手の庇護下に入り、相手を巻き込んでおこう」ということを瞬時に判断するのです。そして、どのくらい相手から借りていいか、逆に甘えていいか、などについて、皮膚感覚でこれまでの経験則から、よいあんばいを探していきます。ストリート・スマートの人たちは、甘え上手だし、頼り上手です。

4章

頭をよくする7つの方法

ストリート・スマート力《りょく》は徹底した気づきからしか習得できない

最後の章は、具体的にストリート・スマート力を獲得する方法について説明していきます。ただし、ここまで書いたことをしっかり理解をした方なら分かっていただけるかと思いますが、あくまでここで書かれたことはガイドとして考え、自分で試行錯誤しない限り、何も身につきません。読んだだけでは「畳の上の水練」になってしまいます。

それでも、あえて、TIPS（ティップス。役に立つコツ）を説明していくのは、具体的な事例が1つあるとないとでは、大違いだからです。まさしく、ここで学んだことを頭の中で抽象化して、自分でカスタマイズし、自分ならではの方法をどんどん身につけてください。

近年、優れたスポーツのコーチが、ビジネスのコーチングでも活躍するケースが増えてきました。例えば、往年の名テニス・プレーヤーのマルチナ・ナブラチロワやモニカ・セレスを育てたジム・レーヤーはメリルリンチやハイアットなどの一流企業のトレーニングを担当しました。日本では苫米地《とまべち》英人《ひでと》氏が、アメリカ合衆国で人材育成や企業の成長に大きな実績があり、「コーチングの元祖」といわれる「ルー・タイス・プログラム」の創始者である、ルー・タイスのコーチング・スタイルを取り入れて、TPEというプログラムを開発して、推進しています。

ビジネス・コーチングの参考文献
『成功と幸せのための4つのエネルギー管理術―メンタル・タフネス』
ジム・レーヤー+トニー・シュワルツ著／阪急コミュニケーションズ

私も『仕事学のすすめ』というNHK教育テレビの番組で、オリンピックの金メダリスト、水泳の北島康介選手を育てた平井伯昌《のりまさ》コーチに長時間お話を伺いましたが、まさしく、北島選手は平井コーチなくしては金メダルは難しかったのではないかと思わせられる内容でした。

スポーツコーチングのビジネスへの応用が、今、注目されている理由は、ビジネスは私たちが想像しているよりも、はるかにスポーツに近い身体感覚が必要なものだからです。逆に、スポーツは私たちが想像するよりもはるかに、頭を使ったりメンタルを鍛えたりすることが重要だからです。すなわち、指導方法が非常によく似ているのです。だからこそ、私たちも、優秀なコーチを探すことが、ストリート・スマートになる近道になります。

水泳であれば、理想的な泳ぎ方について、型や理論などを伝えるだけであれば、それほど時間がかかるわけではありません。しかし、それを身につけて、例えば北島康介選手並みに泳げるようになるにはどうしたらいいのかとなると、確実に10年以上はかかってしまいます。その10年の間、コーチは直接の指導に加え、ヒントを与え、ビデオで本人の動きを見せて、自分で考え直させ、励まし、叱《しか》って、本人が気づきを得るきっかけを作っていきます。

平井コーチによると、強い選手と弱い選手の最大の差は、なんといっても精神力だそうです。もともと北島選手は、平井コーチの担当する選手の中では平凡なタイムの選手で、それほどぱっとするほうではなかったそうです。しかし、平井コーチがほぼ独断で北島選手を抜てきし、特別なトレーニングを始めてオリンピックを焦点に定め、実績を上げていったのです。平井コーチが北島選手を抜てきした理由は、「メンタル面が強く、自分で気づいて考え、本番で最大限の力を発揮する素質があったから」ということでした。すなわち、北島選手のストリート・スマート力《りょく》が評価されたのです。

どんなに優れていても、銅メダルや入賞レベルにとどまってしまう選手と、素質は超一流でなくても金メダルを取る選手との決定的な差は、コーチへの依存度だと平井コーチは説明します。今、北島選手は平井コーチの元を離れて、違う鍛錬を始めていますが、まさしくそれが理想だそうです。

もちろん、北島選手も初めから精神力が今ほど強かったわけではありません。特に筋力の強化が課題だったそうなのですが、指導をしても食生活改善や筋力トレーニングに臨む気力がなかなか出なかったといいます。それでも、繰り返しヒントを与え、ビデオを見せ、結果を考えてもらうことにより、とうとう自ら、志願をして筋力トレーニングに向かったそうです。

このような行動変革を「認知行動療法」と呼びます。私たちが正しい認知を行って、行動に結びつけ、それを継続して初めて結果が出るという考え方です。

変わるのに時間がかかるものは、変わってしまえば、元に戻りにくいのです。一方、簡単に変わったものは、簡単に戻ってしまいます。例えば、一時的にやせるのは簡単です。何日か絶食をすればいいだけです。あるいはいわゆる、グレープフルーツやゆで卵、バナナだけを食べる「ばっかり食べダイエット」も低カロリーダイエットの一種です。

しかし、果たしてそれを習慣として一生続けられるでしょうか？　その食生活が通常に戻った瞬間に、徐々に元の体重に戻り、リバウンドしていきます。なぜなら、私たちの体型は普段の生活習慣のアウトプットであり、習慣そのものをコントロールしなければ、変わりようがないからです。ところが、私たちは生活習慣を変えるような苦労をしたくないので、つい、魔法の方法があるのではないか、と思ってしまうのです。

それは、頭の使い方もまったく同様です。ばっかり食べと同じで、「本を速読するようになれば」「毎日、グーグルを使うようになれば」頭がよくなるのでしたら、そんなに楽なことはありません。でも実際に必要なのは、「速読を継続して、その知識を生かして正しいヒューリスティックを行うようになれば」、あるいは、「毎日、グーグルを駆使して知的生産性を上げ、クリティカル・シンキングをできるようになれば」生産性が上がるのです。そのためには、普段の生活習慣や思考習慣の変革が必要になります。

もっとも、偉そうなことをいっていますが、私自身、軽肥満の状態から抜け出すのに、丸10年かかりました。少し運動してやせては元に戻り、食生活をちょっと変えてはまた元に戻り、の繰り返しだったのです。結局、最後の最後に決め手になったのは、

「日常的に1日1万歩以上歩くようにすること」

これだけでした。もう少し正確にいうと、移動時はタクシーに乗らない、自転車か地下鉄・JRしか使わない、さまざまな施設でエレベーターやエスカレーターを使わないようにする、これだけです。しかし、この、歩くようにすること、というのはひとつの比喩《ひゆ》であって、歩いて公共交通を使って間に合うようにするためにはスケジュールもそれなりにゆったりと組まなければいけませんし、よく寝ていないと、歩く気も起きません。

運動不足で疲れているからタクシーに乗る、過労なくらいスケジュールを詰め込むからタクシーに乗る、そして、疲れていて運動できず、でもストレス解消が必要だから過

食する、そういった悪い生活習慣を変えない限り、やせようもないのです。そしてその結果が、体重であり、体脂肪率であり、基礎代謝です。

しかし、このようなことは、私にわざわざ言われなくても万人が分かっているわけです。それでも、実際にできるようになるには10年間かかります。しかし、少しずつでも、生活習慣を改善していくことで、いつかはできるようになります。

頭の使い方もまったく同様でしょう。

普段から、自分の頭でものを考えるように、問題意識を設定するように、概念化や構造化を行うように、そのような話をずっとずっと意識して、いわれ続けて、何度も何度も正しい方法にチャレンジしていけば、いずれにしても少しずつ頭の働き方が変わっていき、そして、気づいたら、ストリート・スマート的な動きを自然とできるようになっていた、それが到達点です。

頭をよくする方法1

知識・教養を楽しみながら習得し続ける

「よい頭」のベースになるのは、徹底的な基礎スキル、すなわち知識と教養です。これはスポーツに基礎体力が必要なのと同じです。とにかく、勉強をバカにしてはいけません。勉強することはかっこが悪いという発想を捨てましょう。

学校に行ったり、研修を受けたりする機会がある方は、そこで教えられたことは、バカにしたりせずにきちんと受け止めてください。そして、昔習ったことは、しっかりと思い出しましょう。受験勉強をはじめ、あれだけ莫大《ばくだい》な時間を使って勉強したのですから、すっかり忘れ去ってしまっては、もったいないです。

一見、学校での勉強は、仕事につながらないものと考えてスキップしがちなのですが、実はこういった勉強こそが基礎体力であり、仕事のスキルの足腰になります。

ただし、大事なことは、習ったことをそのまま鵜呑みにせず、「クリティカル・シンキング」を行うことです。

学校で習って疑問に思ったことをそのまま考え続ける人は、残念ながら多くはありません。しかし、せっかく一度習ったベースがあるのですから、その後、いろいろな知識が身についてきたときに、腑に落ちない点があったら、そこでより詳しく調べるのです。

例えば、戦争の話がよい例でしょう。私たちは学校では検定教科書に従って、日本は侵略戦争をしました、悪かったです、ごめんなさい、ということを習ってきましたが、そこにとどまってよいのでしょうか？　そうではなく、本当に侵略戦争なのか、非人道的なことをしたといわれているが、それは事実か、また、事実だとしたら、そのような行為は他国の占領や侵略に比べて、日本だけが突出していたのか、侵略された国々は日本に対してどのような感情を抱いていたのか、など、個人個人が疑問に思ってひもとくべきです。

またそもそも、検定教科書という制度が残っている国は一体どれほどあるのか、ということについても疑問を持つべきでしょう。

そして、なぜ負けると分かっていて対米開戦に踏み切ったのか、日本をソ連と戦わせないために対米開戦を煽《あお》ったのは誰なのか、そういったマスコミを利用した外国の意思はどのようになっており、日本にとってどの国とどの国にどのような関係性があったのか、などを考え抜くのです。

戦争について、参考となる本はいろいろと出版されています。本を読むのが苦手という人がいたら、セミナーでも、DVDでも、オーディオブックでもいいわけです。最近は図書館も、一般書籍以外のコーナーが充実してきて、さまざまなマルチメディア・コンテンツを借りることができるようになっていますから、そういうものも積極的に利用できます。

収入が少なくて、あまり書籍そのほかにふんだんに自己投資ができないという人は、ぜひ、図書館か、あるいは立ち読みを長い間していてもいいような書店（一部の大型書店などにあります）のそばに住んでみませんか？　とにかく、浴びるように、本を読むのです。これは、本がたくさんある家の子どもたちの学習能力が高い、ということをそのまま、私たちに応用すればいいわけです。しかも乱読でいいというのもポイントです。

さらにもうひとついえるのが、「専門家の罠《わな》」ということです。「何かについて、自分が専門家のように詳しくなって意見を述べられるようになる」というのは不可能だ、と思い込んでしまうこと自体が実は幻想です。不可能だと思い込むから不可能になってしまうだけです。そして、専門家といわれている人たちと実際に話をするとよく分かりますが、ひと口に「専門家」といっても、千差万別です。本当にそのことを熱心に朝から晩まで四六時中調べて楽しんでいる人もいれば、何十年も前の知識のまま、まったく更新していない人もいます。

アカデミック・スマートの塊のような人たちが、ストリート・スマートの人たちに必ず言うのが、「だって、あいつは博士号を持っていないじゃないか」ということなのです。まさしく、博士号がプライドに対する最後の砦になっています。

したがって、不必要だとは思いつつも、1~2年、毎週1日くらいを研究に使いながら、博士論文を仕上げて博士号を取ったりするケースがけっこうあります。しかし、博士号がなくて、例えば修士でもなく、学士や専門学校卒業であっても、毎日その問題を考えて、調べて、専門分野としている人のほうが強いに決まっています。

例えば、このあと、詳しく紹介する、岡山の企業、林原が製造する夢の糖「トレハロース」について、その安価な製造法を発見したのは、まだその研究テーマを始めて数か月しか経っていない、専門学校出身の丸田和彦《まるたかずひこ》さんでした。後々、丸田さんはこの業績を中心に博士号を取得しますが、当時専門家ほど「不可能」と思い込んでいたことを、思い込みがなかったため逆にやすやすとクリアし、しかも、そこでトレハロースができているということを見逃さず、量産化につなげたのです。ストリート・スマートである丸田さんが、アカデミック・スマートの博士号の専門家たちに勝ったのです。

また、学校時代に不得意分野だと思い込んでいた勉強も、実は当時の教え方が悪くて、不得意あるいは苦手と思い込んでしまった可能性があります。化学や物理が苦手や嫌いだった人も、科学読本のようなものはワクワクして読むでしょうし、小惑星探査機「はやぶさ」の2010年6月の帰還時には、画面の前で夢中になって応援した人も少なくないと思います。どんなものでも、社会人になってから得意になる可能性は十分あります。その部分の可能性を狭めてはいけないのです。

どんな方法でもよいのです。興味があったもの、興味があったことを、なんらかの形で勉強し続けることを意識すればいいわけです。ただし、このときに大事なことは、私たちが勉強に費やせる時間は有限であるということです。

したがって、同じ時間、何かを勉強したとしても、そこに新しい気づきが少なく、ノイズが多い時間の使い方をしてしまうと、効果が上がらないことになります。だからこそ、一定の質を担保しているビジネスセミナーや、良書は大変貴重なのです。しかし、必ずしも、セミナーや本ばかりが勉強のネタではありません。むしろ、24時間の日常生活の中で、自分の興味あることを見つけ、エンターテインメントのように楽しみながら没頭していければいいのです。

こういった勉強に対する意欲は「学習欲」といわれますが、それがまるで食欲のように旺盛《おうせい》で、寝食を忘れてもいいから、学び続けたい、と思うものができれば、それがストリート・スマートの足腰を作っていきます。

もちろん、スポーツの基礎体力と同様、より効果的に行うためには、コーチがついて、学びの領域のバランスを取るほうが望ましいのですが、そこまでしなくても、とにかくいつも、何か新しいことはないか、「今、この時」の気づきを大事にしながら、なるべく新しいところに行って、新しい人に会って、新しいものを見て、新しい本を読んだり、新しい話を聞いたり、新しいお芝居を観《み》る、そういうことを繰り返し行うだけで、頭は刺激を受け続け、物事を多角的な視点で見ることができるようになっていきます。

人間の頭の中で「直感」を組み立てようとするときに、それがよい点でもあり、悪い点でもあるのですが、実はわざわざそれをプログラムする必要がないのです。あるいは、プログラムができません。直感は、私たちが見て、聞いて、感じて、考えてきたことから自動的にプログラムを組み立ててしまうため、もし、さらに良質なプログラムを作ろうと思ったら、より高い経験を頭に積ませて、3章で説明した「衆人の知恵」に近いプログラム（155ページ）を、自分の頭の中で作らなければならないわけです。

繰り返しになりますが、ストリート・スマート的な判断というのは、いかに的確に情報分析を行い、その中で目的に向かって最適な戦略オプションを組み立て、素早く行動できるか、という仕組みです。しかも、それぞれフレームワークはありますが、実質的には、これまで私たちが蓄積してきたデータにもとづき「ヒューリスティック（経験則）」を使っているのが実態で、そのヒューリスティックの判断になり得る元データをどれだけ、さまざまな手段で獲得するかが勝負になります。

さらに、こういった知識・教養を身につけようと思ったときに、当たり前で意外なことですが、自分がどこのコミュニティに属していて、どんな人と日常的に会うことができるかということが、大変重要です。

なぜなら、私たちが何かを学ぼうと考えてわざわざオフジョブ（仕事の時間外）で確保できる時間より、よほど長い時間、会社の同僚や家族と過ごしているわけです。そして、その長い時間帯の中で、一緒にいる人が学び好きの人で大変さまざまなことに経験豊富で知見がある人なのか、あるいはそういうことにまったく興味がない人なのかによって、周りの人たちから得られる情報の質と量が変わってしまうからです。

メディア、というと私たちはマスメディアを想像しがちですが、自分の身の周りの人は、実はマスメディア以上に私たちに影響を与え得る「メディア（媒体）」なのです。

したがって、良書を注意深く選び、休日などに常に学びの視点を持ちながら、新しいことにチャレンジすることに加えて、身の周りの人たちを、学習欲が高く、そして、こちらが学びたくないエリアの造詣《ぞうけい》が深い人で囲むことができれば、それは最良の学習環境になります。

私たちは過去に得た多種多様な情報や経験ヒントでしか、新しい問題に対しての答えを生むことができません。何度も繰り返しますが、無から有は生まれません。

そして、こういった知識・教養においては、できれば1つか2つの分野への深い知識が軸としてあると、そこへの比喩《ひゆ》からさまざまなことを理解することができるようになるでしょう。つまり、頭の中でロジックを組み立てやすくなるわけです。

例えば、以前、国際金融論の世界的権威であるイェール大学の浜田宏一《はまだこういち》教授に経済学を習ったときにも、私は会計が専門の1つですから、頭の中で一度バランスシート（貸借対照表）に落とし込むことで、腹落ちするような思いを何度もしたことを覚えています。

頭をよくする方法2 「概念のボキャブラリー」を増やす

さまざまなことを抽象的に言い表す語彙《ごい》を増やす、ということです。さらにここでお勧めしたいのは、単に語彙を増やすだけではなく、抽象的なものをさらに自分のことばで表現し、あるいは何かの知識や固有名詞の塊を、より上位概念でくくったものを、「概念のボキャブラリー」という形で考え、それを増やしていくということです。

すなわち、自分が知っていることや体験したこと、覚えたことを、何かの軸で分類をして、それについてまた名前をつけながら、その下位にそこで「へぇ」と思ったことをとじ込んでいくイメージです。記事をファイルでクリッピングする習慣がある人もいると思いますが、あれを頭の中で行うわけです。

このことを「頭の引き出し」と呼ぶ人もいますし、秋元康さんは「背中にしょっているリュックサックに詰めたアイディアボックス」と呼んでいました。ツイッターなどでは、同じようなつぶやきについて「ハッシュタグ」を使ってみんなで検索性を高めて共有を試みますが、そのような形で、単なるバラバラの知識としてではなく、ある程度くくったものを頭に残していく習慣をつけていきます。

例えば、優秀な作曲家はこういった「メロディーの塊」をたくさん持っているからこそ、美しいメロディーを作れますし、詩人も同じです。私たちも、体験してきたことや、人から聞いたこと、あるいは書籍で読んだこと、メディアで得た知識を概念に落とし込んで、くくります。1つの知識・経験は複数の概念のボキャブラリーに属することがあるでしょう。ラベルと同じです。

その学びの材料は、ユビキタスにあるのです。ここではわざと、「ユビキタス」ということばを使いました。人によってはなじみがないかもしれません。ユビキタスの語源はラテン語です。主にIT用語として1980年代から使われ始め、直訳すると「遍在している」ということです。すなわち「いつでも、どこでも、誰でも」という3つの概念を表したものです。

もっとも、最近は、あまりにも情報やコンテンツがあふれかえり、かえって混乱を来す側面が出てきてしまったため、ユビキタスに対抗する概念として、「今だけ、ここだけ、あなただけ」という概念も台頭してきています。まだこちらのことばに、ユビキタスほど浸透したことばはありませんが、例えば、「アンビエント」ということばで表す人もいます。アンビエントとは、「周囲の」「環境の」という意味の英語です。

いずれにしても、ユビキタスでも、アンビエントでもいいのですが、自分の身の周りから、常に概念を吸収し続けるという気づきを持つと、この「概念のボキャブラリー」が広がっていきます。

私は、テレビなどで専門用語や英語を使い過ぎると指摘を受けます。いつも申し訳なく思っているのですが、口からつい出てしまうのは、私が普段から、専門用語や英語、すなわち、概念のボキャブラリーで思考を組み立てているからだと思います。

バラバラのことばで思考を組み立てるよりは、ある程度固まったもの、これをモジュールとも呼びますが、それを組み合わせたほうが、より早く目的にたどり着くわけです。もちろん、一から手作りをしたほうが独創的で、よりよいものができるかもしれません。しかし残念ながら、多くの概念はすでに市場で淘汰《とうた》されており、自分ひとりが市場のすべての人よりも賢いという自信がない限り、それらをすべて手作りするのは無駄です。私たちが生活をするときに、さまざまな生活資材のほとんどを購入してくるのと同じことです。

例えば、私は2010年の夏に、オーストラリアの旅行をまとめた『マナベル』(扶桑社)という本を出しました。アボリジニの具体的な歴史や、シドニー、メルボルンの発展、オーストラリアの経済運営など個別具体的な知識はもちろん身についたのですが、それは、より大きな概念ボキャブラリーとしての、

・地政学における影響
・民族間紛争における歴史
・多民族国家の運営体系
・民族ごとの食生活の重点領域

に、ひもづけされて、頭の中に蓄えられるわけです。

また同じように、2010年のお盆は2日間ほど、長崎に旅に出ましたが、観光タクシーの方に丸2日間ツアーを組んでもらって、長崎の歴史や文化に直接触れることができました。

例えば、長崎の名所である「眼鏡橋《めがねばし》」ですが、江戸時代、長崎に多くの中国人が貿易利権を目指して集まってきて、中国人居住者が増えたので、唐寺《からでら》ができ、その唐寺に渡る橋としてできました。当時、日本には川にそのような立派な橋を架ける技術がなかったため、唐寺が出資し、中国の技術も導入したそうです。ODA（政府開発援助）のようなものです。

長崎に行くと分かるのですが、中国が近いため、大変中国文化の影響が強く、中華街も横浜に近いくらいの大きさがありました。過去において、中国をはじめとした貿易の多くを長崎が占めていたことから、ある意味「経済特区」のようなところでして、大名がキリスト教信者になったのも、もちろん信仰という意味もありましたが、そのほうがより海外との取引に有利になるからという経済的な事情もあったそうです。

そして、長崎では多くのキリスト教信者の人たちが島原の乱で殉死したため、キリスト教信者にとって聖地として扱われていますが、その乱の抜本的な発端には、重税がありました。なぜ重税がかかったかというと、立派な島原城の構築など、地方政府がぜいたくをし過ぎたせいなのですが、一面、貿易で潤っていた財政が、江戸幕府の締めつけで規制がかかって縮小し、厳しくなったこともあったわけです。

戦争や反乱というものは、かなり多くの理由が「経済的」なものに根ざしていることが多いのですが、なぜ島原の乱という経済戦争が起きたのか、ということを考えていく中で、今日本で話題のＴＰＰ（環太平洋戦略的経済連携協定）やＦＴＡ（自由貿易協定）には参加するべきなのかどうか、地方分権のあり方はどうすべきか、などのことを、私は考えることができました。頭の中に入れていた問題意識が、長崎での体験がヒントとなって、腑に落ちて、自分の概念ボキャブラリーを膨らませることができたのです。

なお、「天草四郎」というのはアイドル、偶像であって、実際には住民たちが結託して理想像を作って盛り上げていたそうです。私たちは日本史で、殉教者として学習しますが、実際にはどちら側にも経済的な理由が背景にあり、よりしたたかな交渉としての戦争だったということも理解することができたのです。

先ほどから、「学びはユビキタス」ということを説明していますが、だからこそ、きっかけとなるものを身の周りに置くことが重要です。小学生のための算数練習帳『東大生が考えた魔法の算数ノートなっとQ~』(小学館)という本の著者のひとり、南部《なんぶ》陽《よう》介《すけ》さんは、中学の時数学の成績が1だったのですが、あるときSFテレビドラマ『スタートレック』を見て、宇宙に夢中になり、宇宙の謎を解明する人になりたいと決心して、宇宙の本を手に取ってみたのだそうです。すると、数式ばかりだったことに驚き、まじめに数学を勉強し始めました。すると、偏差値47の県立高校で成績をぐんぐん上げ、開校以来初めて現役で早稲田の理工学部に合格し、さらに東大の大学院で航空宇宙工学を専攻して２０１０年春に博士課程を修了、現在は大阪府立大学助教として宇宙関係のプロジェクトにも携わっています。

私たちにとって、見たものすべてに興味を持とう、というのは難しいかもしれませんが、自分の好きなものや興味を持つものにピンとくればいいわけです。自分が興味あることに対して「概念ボキャブラリー」という軸を作ることで、新しいものがどんどん入ってきますし、そこに興味が出てくると、その周辺分野にも興味が出てきます。

専門家ではないから、専門分野のことを勉強しても仕方ない、考えても仕方ないというのは大きな間違いです。私たちはいつ、どこで、何を学ぶことも自由ですし、そして学んだことを自分の考えや意見として昇華させ、いつ、どこに行って、何を話しても、発表してもいいわけです。

息を吸って吐くように、自然に概念をためていってください。

頭をよくする方法3

とことん、自分で見て、聞いて、考えて、動いてみる

情報処理に対して、多くの人が誤解していると感じることは、自分はごく限られた小さな情報量しか処理できないと思っていることです。でもこれは専門性の議論と同じで、何度繰り返してもいいと思いますが、私たち人間は、とんでもなく情報処理能力が高いのです。どんなスーパーコンピュータも、いつまでも人間のあいまいかつ高度な処理能力にはかないません。人工知能では「アシモ」ひとつ歩かせるのに、あれだけ苦労するのです。私たちが普段歩いているときに、どれだけの情報量をこなしているのか、想像してみてください。

では、なぜ私たちは歩けるのか。それは、小さいころから歩く訓練をしているからです。風邪を引いたり、少し寝込んだりしてから、立ち上がって歩こうとすると、ふらつきます。あるいは毎日毎日歩いていると、だんだんと足腰が強くなって、より速く、正確に歩けるようになります。

それと同じように、ものの見方でも、訓練さえすれば、ひとつひとつに大変高度な処

理と判断が質量ともにできるようになります。表や図を見て考え、情報の裏がないかな、と考えたりするわけです。私たちは目に見えるものを見たままに処理をしているわけではありません。

専門的になるので簡単に説明しますが、私たちが「考える」ということは、

・何かの目的を感じること
・五感で情報を得ること

を一度統合してひとつの刺激として合成し、その刺激をさらにこれまで自分が作り上げた思考のためのデータベースとロジックにインプットすることで、初めてアウトプットが出てきます。

そのため、ひとりひとりの思考能力には、肉体以上に大きなばらつきが出ることになりますし、訓練次第でどんどん上がっていくのです。

さらに最新の認知や脳科学で分かった大事なことは、例えば視覚情報のような神経系

には、

・対象物の色や形、特徴などを知るための、「知覚するための視覚」と
・自分が物をつかむ、歩くなど何らかの行動するために必要な、「行為のための視覚」

は、別のものであるということです。すなわち、「頭で分かっても体が動かない」というのはごくごく当たり前のことで、その両者は違う系統だったからです。前者は主に腹側、後者は主に背側に通っているそうです。

視覚の参考文献
『もうひとつの視覚』メルヴィン・グッデイル、デイヴィッド・ミルナー著/新曜社

そして、この知覚のための視覚と、行為のための視覚は、それぞれ互いに補完をして、動きます。すなわち、行為によって新しく得られた情報は知覚に回りますし、知覚情報

で得られたデータは行為に対して修正を加えます。

知覚としての視覚は距離を推測するだけですが、行為としての視覚は実行することで、その実測値を体感します。

この仕組みを知ると、なぜ私たちが二次元と三次元の情報では認知が異なるのか、理解ができるでしょう。知覚としての視覚では二次元でも三次元でも大きな情報量の違いはありませんが、行為としての視覚については、三次元でないと、距離そのほかを間違えるのです。

考えを行為に移すことについて、ロボットは決まったことしか対応できないのに、なぜ人間は柔軟に動けるのか、それは、ロボットがひとつのシステムしか持っていないのに対し、私たちは、腹側と背側のシステムを使い分けているし、その相互が互いに連携しているからです。

そしてこのことは、私たちに重要な示唆を与えます。それは何かというと、自分で行動に移して体感しない限り、私たちは情報に対して正確な認知ができないということです。自分の行為を伴わない知覚については、あくまで概算であり、大まかなことしか分からないのです。

「賢者は歴史に学び、愚者は経験に学ぶ」という宰相ビスマルクのことばがありましたが、これは誤りで、「すべての人は経験（行為）から学ぶ」と言い換えたほうがいいのかもしれません。

だからこそ、マスメディア情報は、マスメディアの人のフィルターを通しているのであるから、自分で調べて考えて実感するまで、納得してはいけないわけです。また、何か新しい情報を得たときに、私はよく、

「何かそれ、皮膚感覚と違う」

という表現を使って、その情報が間違いではないかということを指摘するのですが、それは自分の知覚情報ではなく、行為情報に基づくデータを用いているのかもしれません。

「行動力が大事」といわれるのは、行動そのものが、大事な半分の神経経路だからです。

座学で知覚だけを行っていて、行動をしない人は、実は頭を半分しか使っていないことと同義なのです。

現在中国大使で、伊藤忠商事の会長を務めた丹羽宇一郎《にわういちろう》さんの有名なエピソードがあります。伊藤忠商事でニューヨーク駐在員の時「干ばつだから小麦が大変だ」というニュースに接し、本当か？　と思って、その場所へ実際に行ってみました。そうしたら、ニュースで写されていた場所は確かに干ばつでしたが、その周囲は青々と茂っていて、干ばつではありませんでした。したがって、小麦の値段は今後上がらないと判断し、「小麦は買わなくていい」ということで、買い取っていた残高を解約したそうです。

結果は豊作でした。もし、現地に確かめに行かず、小麦を高く買い取っていたままだったら大損をするところだったのです。

なぜ、メディアを通してではなく、自分の目で確かめなければならないのか。それは、メディアの情報は、あくまで知覚のための情報しか提供しないため、受け取る側にとっては、正確ではないからだといえます。

いわゆるアカデミック・スマートだけれどもストリート・スマートでない人たちの最

大の欠点は「腰が重い」ことです。それは、過度に知覚の経路だけを発達させてしまって、行為の経路とのバランスが悪いからでしょう。

適切な行為を取ることができる、このことは「頭のよさ」にとって、とても重要なことです。

トレハロースを見に行こう

今回、実行力の重要性を検証するために「トレハロース」に注目してみましょう。正直にお話しすると、私は、この本を書くまで「トレハロース」という物について、まったく「概念ボキャブラリー」には入っていませんでした。

たまたま、この本の打ち合わせの時に持ってきていただいたどら焼きと、もともと会社にあって別の方からいただいたどら焼きのパッケージをひっくり返して、その原材料名を比べてみたのです。原材料名は量の多い物から表示します。ですから、小豆や小麦粉、卵、砂糖などが並ぶのですが、片方の昔ながらのどら焼きには入っていないのに、もう一方のモダンな、まるで洋菓子のような風体のどら焼きには「トレハロース」という何かが入っていたのです。

表記の場所からいって、食品添加物の一種のようです。○○ロースというのは、語感から考えると何かの甘味料でしょうか。その場にいたのは私の会社の社員を含めて4人ですが、誰も何かは分かりませんでした。余談ですが、うちの小学生の娘は実はトレハロース、知っていました。「トレハ星人」というキャラクターを使って、テレビコマーシャルで宣伝しているそうです。

何はともあれ、「トレハロース」とグーグルのバーに入れて検索してみたところ、出てきました。トレハロース。まずはウィキペディアを見てみましょう。

「トレハロース（trehalose）とは、グルコースが1、1－グリコシド結合してできた二糖の一種である。1832年にウィガーズがライ麦の麦角から発見し、1859年、マルセラン・ベルテロが象鼻虫（ゾウムシ）が作るトレハラマンナ（マナ）から分離して、トレハロースと名づけた。」

はい、全然分かりませんねー。よく分かりませんが、とにかく、やはり、糖の一種のようです。こういう分からないものはそのままなんとなく読んで流して、続きを読むと、手がかりが見つかりました。

「高い保水力を持ち、食品や化粧品に使われる。抽出する方法が難しく高価なものだったが近年デンプンからの安価な大量生産技術が岡山県の企業林原によって確立され、さまざまな用途に用いられている。」

　ここでピンとこなければいけないのは、どうもこの、「岡山県の企業、林原」というのがキーワードだということです。そのままウィキペディアをめくっていきますと、

「1994年に岡山のデンプン糖化メーカーである林原の丸田和彦らが従来不可能といわれていたでん粉からの安価な大量生産法を確立し、翌年より従来の約100分の1の価格の1kg数百円で発売を開始した。」

　という表記に当たります。なるほど、トレハロースという物質自体、価格の問題があったため、安価になったここ16年ほどしか出回っていない物質であり、だからこそ、みんな知らなかったわけです。

　では、何のためにこのトレハロースを使うのでしょうか。どら焼きなのですから、食品用途です。ですので、食品用途としてのトレハロースの効能を見てみます

「トレハロースがさっぱりとした上品な甘味を呈すること、食品の三大栄養素である炭水化物（でん粉など）、蛋白質、脂質に対して品質保持効果を発揮すること、また強力な水和力により乾燥や凍結からも食品を守り食感を保つこと、矯味矯臭効果により苦味や渋味、えぐ味、生臭み、けもの臭、レトルト臭などを抑えるなど多様な作用による複合的効果が期待できるためである。」

とありました。ここから読み取れることは、なぜこのトレハロースがどら焼きに使われているかというと、

・上品な甘味になる
・品質保持効果がある

の2点が決め手だと考えるわけです。ではなぜ、片方のどら焼きは使っていて、片方のどら焼きは使っていないのだろうか、ということを疑問に思い、まず考えた仮説は「安くなったとは言っても、砂糖よりはずっと高いのではないか」

ということでした。そこで、すぐに計算してみます。

砂糖の価格は検索をすると、どうも卸売価格で、1キログラム160円くらいのようです。現在トレハロースの1キログラムの価格は数百円ということですから、約2倍。すると、昔はさらにその100倍ですから、昔は砂糖の200倍もしたわけですね。さすがに、これでは和菓子には使えなかったでしょう。

そうはいっても、トレハロースは砂糖より高くて、砂糖より甘くないわけですから、何らかのメリットがないと使わないはずです。通常、どら焼きの原材料は卵、はちみつ、小麦粉、重曹。あんは、砂糖、小豆、飴《あめ》です。トレハロースを使っているどら焼きと、使っていないどら焼きを一応食べ比べましたが、作り方のコンセプトも、食感も、味も違うので、正直、食べ比べてもどこがトレハロースなのかよく分かりませんでした。

なので、次は、そのトレハロース入りのどら焼きを作っていた「鈴懸《すずかけ》」というお店を調べてみました。

創業七十余年の老舗で、新宿伊勢丹、JR名古屋高島屋店にも出店していて、博多が本店のお店でした。1994年までは、トレハロースは使えないわけです。したがって、レシピをここ十数年の間に変えたわけです。すると、これは初代ではなく、後継者がやり手で、新しい素材を積極的に使うタイプなのではないかと仮説を立てるわけです。

そしてさらに検索をしてみると、インタビューが出てきました。鈴懸は、3代目社長中岡生公《なかおかなりまさ》さんが和菓子の見た目をすべて変えたのです。味と素材は名工といわれた祖父のものをしっかり守ったそうです。職人の手作りで、その日に作った物はその日に売り切るというスタイルで、その中での試行錯誤をしているそうです。

ではこのどら焼き、顧客からの評判はどうでしょうか。

「鈴懸　新宿伊勢丹店」。2011年1月、食べログでは評価3.5です。口コミ・評価は55件あり、評価分布もほとんど3か4で、あまり分かれていません。和菓子の中では、決して悪い評価ではありません。

さらに、「トレハロース　どら焼き」と検索すると、トレハロースを使ったどら焼きがどんどん出てきます。ここで、これらのどら焼きを集め、さらに、トレハロースを使っていないオーソドックスなどら焼き、例えば人気が高い「うさぎや」と食べ比べてみるわけです。

そして今度、お持たせでお客さまのところに行くときには、「うさぎや」と「鈴懸」を両方持っていって、トレハロースに関するうんちくを語ることができれば、お客さまも楽しんでくれることでしょう。

私たちはどうしても、古い手法の物のほうがおいしいと思いがちですが、本当にそうなのかは食べ比べない限り、決して分からないのです。トレハロースが入ることで、保水性が高まり、色もよくなりますから、老舗のどら焼きだって、よりおいしくなる可能性があるわけです。

トレハロース入りのどら焼きに気づいて、ここまで調べるのに必要だった時間は、ざっと30分でした。インターネットにつながったパソコン1台あれば、こんな難しそうなことが、簡単に調べられるのです。

そして、一度この「トレハロース」ということばを覚えてしまうと、コンビニでお菓子やおにぎりをひっくり返して原材料を見ると、さまざまな物にトレハロースが入っていることに気づくようになります。

ここからがさらに大事なところです。せっかく私たちの概念ボキャブラリーに「糖の活用」というコンセプトが入ったのですから、ここを追求しないのは大変、大変もったいないです。何をすればいいでしょうか？

そうです、「岡山の企業、林原」さんに、直接話を聞きに行くことを計画すればいいのです。企業のホームページを見る限り、上場はしていませんが、大きな企業のようですから、広報部はあるでしょう。いつもこういう話をすると、「それは勝間さんだから聞きに行けるんでしょう？」と言われてしまいますが、そんなことはありません。誰でも、聞くことができます。私はまったく無名のころ、しかも、特に仕事の調査でなくても、調べたいことがあった場合は、できる限りのツテを頼って、関係する人にものを聞く習慣がありました。

今回の林原さんも、誰が連絡を取ったとしても、少なくとも資料の存在やパンフレットについて教えてくれるでしょうし、より詳しい内容を説明してくれることでしょう。また、多くの企業は工場見学コースもありますから、それを見に行けばいいわけです。

実は今回、ぜひ、林原さんに話を聞いてみたいと思った時、私は「東京に広報部くら本書を印刷・製本後、本書内206～211ページで紹介した企業、林原が私的整理を申請しました。そのことについて、著者が加筆しました。（編集部）

林原訪問には余談があります。驚くべきことに、この順調そうに見えていた林原ですが、2011年1月に「事業再生ADR」として、過剰な債務の整理を関係する債権者に申告を行ったのです。1千億円を超える債務があるということで、私的な整理ということですが、過剰な投資が経営を圧迫していたと報道されています。単なる研究開発だけではそこまでの負債の負担に至らなかったのですが、岡山駅前を初めとした不動産開発にも着手しており、負担が大きかったようです。そして、負債の借り換えが難しくなり、債務整理になった様子です。しかし、ここでこの報道を受けて、鬼の首を取ったように、これまで絶賛していたところから、「やはりあそこは放漫経営だった」と手のひらを返すのはけっして、とるべきでない態度です。これまでトレハロースを初めとして、世界的な開発を実現してきたことは実績として認識すべきであり、その上で、なぜこのような事態になったのか、銀行の対応を含めて詳しくヒアリングしない限り、けっして分からないのです。自分の目と耳で確かめるまで報道を鵜呑みにしてはいけない、これはこれまでの経験から繰り返し学んできたことであり、今後、淡々と分析を進めればいいと考えています。今回の債務整理申請を受け、2011年2月の『仕事学のすすめ』の放送は延期となりました。

いあるだろう」と甘く考えていました。ところが、連絡を取ってみたところ、先方から「もし本当に知りたいのでしたら、岡山までいらしてください」と言われたのです。ここで腰を上げるかどうかが、次の分かれ道です。

はい、もちろん、岡山まで行ってきました。そこで丸半日、ていねいに、林原がどういう企業なのか、価値観や沿革、経営ポリシーなどを教えていただいた上で、実際にトレハロースを生んだデンプンの研究所に加えて、インターフェロンを生み出した医学の研究部門、恐竜の研究部門などを案内していただいたのです。

行ってみて気がついたのが、「あれ、ここって、私がずっと20代の時に使っていた、ちらつかない卓上ライト『バイオライト』の開発企業だ」ということでした。

つまり林原は、典型的な研究開発型の企業で、さまざまな新しい付加価値のある物を生み出すための仕組みが大変うまくできていたのです。

どのように日本の地方を立て直せばいいかという議論がありますが、私が林原を訪問して考えたことは、「もし、ひとつの県に林原のような会社がひとつあれば、地方もまったく違った光景になるのではないか」ということでした。トレハロースのほぼ独占販売をはじめ、大変収益性が高い企業で、今後50年間は研究し続けられるだけの財務基盤があります。

だからこそ、例えば「ハムスターの冬眠研究」や「恐竜の研究」など、今後まだまだ、結果が出るまで数十年単位で時間が必要な研究にも十分な資源を配分できています。また、林原だけがトレハロースを作れたのは、世界一を誇る、デンプンに関する研究員の層の厚さと、新しい糖を作るためのさまざまな酵素を保有していたからです。

林原は、私が知っているいわゆる「欧米型・上場企業型のベストプラクティス」とはまったく違った形での「日本型・非上場型・超優良企業」でした。研究員を含めた社員は、なんと縁故でしか採用しないそうです。そのほとんどは岡山県出身者で、2代、3代にわたって勤めている人も少なくないとか。研究員のみなさんも、大まかなテーマは与えられますが、いつまでにどのような調査を行って結果を出すかということについて、大きなメーカーなどに比べるとずっと縛りが緩いため、創意工夫をした研究が続けられるそうです。

また、デンプンについても、いろいろ学ぶことができました。今回のトレハロースを作るためには、デンプンに対して酵素を使って、切ったり、結合をしたりすることが必要なのですが、私がウィキペディアを読んだだけではさっぱり分からなかったトレハロースについても、実際に大きなパネルを使いながらていねいに説明していただき、初めてどういう「二糖類」なのかということも理解できましたし、なぜ、保水性が高いのかも分かりました。

きっかけは、ふと思いついて、「どら焼きをひっくり返した」ところから始まったこの「トレハロース探求の旅」ですが、私にこれだけの学びを与えてくれたのです。

私たちがこの林原に取材に行ったのが2010年9月ですが、たったその数週間後、私がインタビュアーを担当しているNHK教育の『仕事学のすすめ』のプロデューサーと打ち合わせをしているときに、

「そうそう、勝間さん。今度の2011年2月の放映分、林原の林原健《けん》社長にお願いし

ようかと思うのですが、勝間さん、林原さんについて、どのくらい詳しいですか？」と、聞かれたのです。偶然の一致ですが、本当に驚きました。はい、1か月前まではまったく詳しくなかったのですが、その時点ではとても詳しくなっていたからです。

私はよく「セレンディピティ」、すなわち、偶然の物事からよいことを見つける能力について大事だということを説明していますが、まさしく、これも「セレンディピティ」です。『仕事学のすすめ』のために林原を訪問したわけではないのですが、この時に使った1日が、たくさんの知恵をいただいたばかりか、さらに新しい仕事への基礎知識となったのです。

しかし、これは偶然の一致かというとそうではなくて、やはり、トレハロースが普及し、林原という企業に注目が集まっているからこそ、私も、NHKも興味を持ったわけで、だからこそ、このようなつながりが生まれるのです。

そして11月に再び林原さんを訪れ、今度は見学ではなく、林原健社長と、社長の弟さんの林原靖《やすお》専務のおふたりに詳しくビジネスの話を伺うことができました。最初は終電の新幹線でそのまま帰る予定だったのですが、林原さんから、もしよかったらお食事でもとオファーをいただいたので、すぐに仕事を調整して、翌日の帰京に変更し、より詳しいことをおふたりから教えていただきました。

昼食や夕食などの会合は、実はメディアで流れていない情報交換をする最適なタイミングです。NHKの『仕事学』のすすめの取材の中ではなかなか言えないようなオフレコの話も、このような食事の場ではどんどん、教えていただけます。そして、そのような「行間」にこそ、私は、ストリート・スマートにつながる知恵があると思っています。

現代は、パソコンが1台あれば、なんでも調べられる、本当にいい時代になりました。

そのため、私はパソコンを肌身離さず持っています。ノートパソコンが持ち歩くのに適さず、かつ通信費も高くついた今から20年前ころは、ソニーの電子ブックの百科事典や広辞苑《こうじえん》、英英辞典を持ち歩いていました。何か疑問点があると、すぐに調べる癖がついていたからです。

私の数世代上の人たちはまさしく、辞書は「引く」ものではなく、「読む」ものだったそうです。当時は今ほど情報があふれかえっていない中、辞書は充実した情報源のひとつであったため大事にされて、みんな貪《むさぼ》るように読んでいた、ということです。

私がいろいろな人と雑談をしているときに、どんなジャンルの話題でも、関連情報を知っていることに驚かれることがあります。これは単純にこれまでの検索癖、辞書引き癖の結果だと考えています。とにかく、「?」と思ったら、チャンス、と思って調べるのです。

そしてそのためには、やはり情報機器が重要です。本当は携帯電話でも、iPadでも何でもいいのですが、優れた情報機器は乗り物と同じで、三輪車よりは自転車、自転車よりは乗用車のほうが、目的地まで強い出力で早くたどり着くように、処理の速いパソコンは検索癖をつけるためには必須だと思います。

私は普段1台持ち歩いているほか、もう1台を書斎に置きっぱなしにして、ノートパソコンのディスプレーのほかに大型のディスプレーを2つつけて、片方は縦置きに、片方は横置きにして使っています。縦置きのディスプレーを見ながら原稿を書き、そして調べ物を横の大型ディスプレーで行うのです。

すなわち、情報の仕入れにはそれなりのお金と工夫と時間が必要だということになります。「痛くない注射針」で有名な岡野工業社長の岡野雅行さんは、ミクロン単位の絞り加工を行えるだけのプレス技術を、潤滑油の配合から機械の金型設計まで、職人としての知恵を何十年も積み重ねてきましたが、新しいことを知る力、情報を検索する力なども、実は同じような「職人芸」なのです。

例えば、私のパソコンは最新のウィンドウズ7とSSD（ソリッドステート・ドライブ。記憶媒体としてフラッシュメモリを用いる補助記憶装置）という高速ドライブ装置の組み合わせにしています。なぜかというと、こういったハードウエアの性能が、情報の性能に寄与するからです。キーボードも歴代5つくらい試しましたが、その中でPFUのHHKBプロフェッショナルというキーボードを選びました。つまり、いくら職人の技術が優れていても、金型や潤滑油がよくないとプレスの効率が落ちるように、パソコンやキーボードを選ぶ時には、できるだけ自分の頭に負荷がかからずに回るような仕掛けを作り上げていくのです。

通信も同様で、外ではワイマックスを使うし、家の中では光ファイバーやワイファイを使います。素早くアクセスできるということが重要だからです。

こういった機器をそろえると、当然、お金がかかります。しかし私は、お金はある程度は使って、自分に還元するべきだと思っています。おいしい食べ物だって食べないと分からない、いい機器やいい洋服だって、使ってみないと分かりません。そして、自分が体験したこと、知っていることの範囲を組み合わせてしか、人間は新しい経験を理解することができないのですから、そのためにはある程度の自己投資は必要でしょう。

そして、自己投資の金額は、すべて割合で考えるべきだと思っています。例えば、3万円の電子ガジェット（機器）があったときに、月収15万円の人にとっては月収の20％分で、とても気軽に買える物ではありませんが、月収30万円なら10％、さらに60万円なら5％ですし、300万円の人なら1％にしかならないのです。人によって、物の値段は何十倍も違うわけです。

頭をよくする方法4　1分当たりの情報処理量を高めるための投資を惜しまない

成功した経営者の共通点は、本当にみんなよく本を読んでいることです。観光リゾート業界のカリスマ経営者、星野リゾート社長の星野佳路さんは、自分自身のホッケー部の経験と書籍の知識をもとに、新しい経営手法を開発しました。ユニクロ社長の柳井《やない》正《ただし》さんも、ドラッカーに陶酔して、何回も何回も線を引いて、その哲学を体現しようとしました。岡野工業社長の岡野雅行さんは、ドイツ語や英語の原書のプレスの本を何冊も購入して、ことばが分からなくても、イラストを研究することで新しい知識を身につけました。

本は実際に見ないとよい本かどうかが分からないのですが、忙しいこともあるので、オンライン書店とリアルの書店を併用することがお勧めです。また、電子書籍も2010年の後半から加速が始まりました。同時発売も多くなりましたし、自分が買った本をPDF化する人たちも増えました。

電子書籍の売上数が紙の書籍の売上数を抜くかどうかは、今後予断を許さないでしょう。音楽がCDから配信に変わった時には大きな音の劣化などがなかったのですが、紙の場合は、電子化した場合に、めくりづらさ、読みづらさが残ってしまいますので、完全に同じ物とはいい難いためです。一方、その読みづらさを補って余りある集約性と携帯性もあるわけです。今後、線をバーチャルに引けたり、分からない単語を辞書で調べられたりすることで付加価値は上がるでしょうし、また、インタラクティブな書籍も考えられます。

現在ネットで出回っている記事は、ほとんどが「ブログ」という形ですが、これは書籍とはまったく異なる形で、より写真が多く、動画も多く、文字が少なくなっています。電子書籍では、カラー書籍と白黒書籍の間にほとんどコスト差がなくなりますし、音楽や映像も自由につけられるようになりますので、あと5年から10年経つと、高い確率で文字を中心とした本は主流ではなくなっているかもしれません。

自己資金は潤沢に再投資せよ

情報を収集する力の部分でも説明しましたが、とにかく、自分に必要なもので、頭に蓄積でき、役立つものでしたら、どんどん投資しましょう。私がいつも言っているのは「飲み会」との比較です。飲み会だったら5000円を出す人でも、文房具や本に同じ金額を出そうとはしません。しかし、どちらのほうが将来的に自分の人生の自由度につながるかというと、実は後者なのです。

したがって、私がお勧めするのは、手取り月収の最低10%、できれば20%を自己投資に回すことです。意外なくらい大きな金額だと思いますが、その原資は、無駄な飲み会を減らすことと、あと、タバコを止めることです。また、それ以外の見栄を張るための冗費を避けるということです。

『レジャー白書』(日本生産性本部)を読むと、さまざまなエンターテインメントにお金を使っている顧客セグメントが分かりますが、この中で「書籍代」については、いちばん使っている40代男性でもせいぜい月2000円。ましてや、ほかの年代や女性などは、月に数百円です。

それくらい、みんな、知恵や知識には投資をしていません。だからこそ、大チャンスなのです。ここで勉強すればするほど、差をつけることができます。

書籍だけではなく、セミナーへ行ってもいいし、記念館などを訪れてもいいし、いろいろなことに対して知的な興味をなるべく持って、とにかく、「知りたい」と思うことが大事です。

これも、複数の人事担当者に「入社後、どんな人が伸びますか？」と尋ねると、「知的好奇心が旺盛な人」と答える人が多いのです。なぜなら、知的好奇心があると、どの部署に配属されても、その場で勉強しながら、新しいことも持ち込んだりして、自分の力で学んで伸びることができるからです。

若いうちはお金があまりありませんから、時間を使ったり、創意工夫したりして、勉強します。例えば、「○○区のお知らせ」などの自治体の広報紙にも、講演会などのイベント案内が掲載されています。図書館でも過去のライブラリーやセミナーが見られることがありますし、市販のセミナーでも、5000円前後でさまざまなセミナーをDVDで購入したり、ダウンロードしたりすることもできます。あるいは、書店などでも定期的に著者がサイン会をかねた安価なセミナー（無料～1000円）を集客のためにやっています。

こういうものを積極的に活用すればいいのです。とにかく、本にしろ、セミナーにしろ、専門の語るべき何かを持っている人から直接聞く知恵は、半端なく迫力があります。

普段私たちが接している人たちの知恵の量とは桁が違います。ぜひ、どんどん体感してみてください。

商品の価格は、人によって違う

とにかく、「一物一価」というのは嘘で、人によって物の値段（価値）は異なります。なぜなら、収入が違うために、ひとりひとりで相対価格が違うからです。それは時間給といってもいいかもしれませんし、可処分所得の何％と置き換えてもいいかもしれません。

例えば30万円のパソコンが欲しいと思った場合、それは自分の給料の何か月分だろうか、と考える必要があります。１か月分の人もいるだろうし、２か月分の人もいるでしょう。パートタイムの給料３か月分という人もいるかもしれません。もしかすると、１時間の時給の人もいるでしょう。それぞれの人にとって、30万円という価格は、同じ価格ではありません。

飛行機でビジネスクラスに乗っている人とエコノミークラスに乗っている人のいちば

んの違いは何でしょう。見たことがない方は、機会があったらぜひビジネスクラスの雰囲気を見て欲しいのですが、ビジネスクラスに乗っている人は、飛行機の中ではひたすら仕事をしています。寝ているわけではありません。お酒を飲む人も少ないのです。

つまり、飛行機の中は移動するオフィスであって、書類を見たり、ノートパソコンをたたいたりしています。そして、寝るときは、本当に横になってぱっちり寝ています。

ファーストクラスはビジネスクラスの倍くらいのスペースがあります。値段は3倍くらいです。エコノミーからビジネスクラス、ビジネスクラスからファーストというのは、スペースが倍になって、値段が3倍になる、というイメージです。例えば、東京〜ニューヨーク往復はエコノミーで18万円、ビジネスで54万円、ファーストで162万円などになるわけです。さらにプライベートジェットになると、何百万円以上です。

でも、それぞれのクラスに乗る人の収入に占めるチケット代を考えると、おそらく、エコノミーがいちばん大きくて、クラスが上がるほど、だんだんと割合が小さくなるでしょう。つまり、その人たちにとっては、普通の人がエコノミーチケットを買うよりも安い気分で買っている、ということです。

私がここで言いたいことは、さまざまな価格を、常に自分の収入比で考える癖をつけて欲しいのです。そしてもちろん、必要な貯蓄や投資は天引きなどでしっかり確保しますが、それ以外の部分は、積極的に必要なところには使っていって欲しいのです。そのことが、私たちの頭のデータベースを豊かにします。

この考え方で、「3万円」という価格を切ると急に普及する製品が増えるかが説明できます。私はこの「3万円」が、「平均的な家計の可処分所得の10分の1以下だから」と考えています。つまり、ひと月の冗費として使える金額の上限がせいぜい3万円なのです。3万円を超えて5万とかになると、ボーナスまで待たないといけません。ところが、3万円は「やりくりして無理すれば買える」金額だからです。

一方、ノートパソコンの普及率がなかなか伸びないのは、やはり価格が高いからです。いちばん安いものは7~8万円で、高いものは20~30万円します。この価格帯になると、計画的に買う必要が出てきて、2年に1回くらいボーナスで買い換える、パソコン積み立て貯金をしておく、などが必要です。ところが、スマートフォンやiPadは電話代込みで分割で買えるため、より幅広い層が手に入れやすくなりました。したがって、携帯の買い換えサイクルである2～3年後には今後、ノートパソコンの普及率をはるかに上回ってスマートフォンや薄型端末が普及すると考えられます。

頭をよくする方法5 自然に生まれた人脈から学ぶ

他人の知恵に触れるきっかけはどこにあるのかと考えますと、私の場合は、「人との雑談」です。仕事でお会いする人もいますし、プライベートで会う人もいますし、あとは例えば、飛行機や新幹線で隣に乗り合わせた人と会話をすることとあります。お店の人に話しかけたり、詳しいことを聞いたりするのも大好きです。

なぜなら、人こそが、コンテンツの塊である、いちばんの元データを持っているからです。本やインターネットはたまたまその中の一部が外に出ているだけで、本当にいろいろなことを分かっていて、知っているのは「人」です。

こういうことを話すと、「人脈はどうやって作るのですか」と聞かれることが多いのですが、人脈はあとから生まれるものであって、作ろうと思って作れるものではありません。人脈を作ることばかりに熱心になると、異業種交流会や宴会にばかり参加することになり、結局たいした情報も人脈も得られなかった、ということになってしまいます。

そうではなくて、仕事でちょっと知り合ったとか、たまたますれ違ったとか、ツイッターなどで話を聞いたとか、スポーツクラブで会って雑談したとか、そんなきっかけで十分なのです。そして、普段はメールアドレスを知っているかどうかくらいで、緩くつながって、必要に応じてお互いに声をかけられる関係がいいと思います。

では、人脈がつながっていく人とそうでない人の違いは何でしょうか。ひと言でくくってしまうと、「自分がオープンに相手を信頼しているかどうか」です。出会って、面白い人がいたらメルアドを交換して、簡単なメールのやり取りをし、必要に応じてランチやディナーに出かける。本当にこれだけです。

私は友人たちから「ナンパ力がある」と笑われていますが、確かに、20代のころから、ちょっと面白いと思う人にはすぐに声をかけて、昔はパソコン通信、そのあとはインターネットのメールで情報交換をして、一緒に出かけたり、誘われた会に出席したり、そんなことを繰り返してきました。

　私は、本は乱読なくらい、いろいろ読んだほうが、どんな本が分かりやすくて、内容があるかどうか分かるようになるということを言い続けていますが、人も同じです。なるべくたくさんの人に会うのに越したことはありません。人もコンテンツだからです。

　ただひとつだけ条件があります。それは、相手が会ってくれるだけの魅力が自分になければいけない、ということです。そしてその魅力とは、若いうちは「ポテンシャル（可能性）」で十分だと思います。特に社会的地位があるわけでもないし、資格があるわけではないのだけれども、この人は何か将来伸びそうだと思えば、年上の人たちは果敢にいろいろなところに誘ってくれますし、連れ歩いてくれます。

「人に好かれること」はとにかく大事です。これをどうやって身につけるかというと、これもまた、普段の行動習慣の結果でしかないのです。嘘をつかない、誠実に相手と話す、知ったかぶりをしない、相手を尊重する、そしてわずかでもいいから、相手が知らないことや新しい考え方を説明できることができる、そういうことです。

男女間でも異性に好かれる「モテ」がありますが、人脈においても「モテ」は存在します。なぜその人がモテるかというと、ひとつひとつの要素というよりは、全体におけるモテなのです。

この人脈の人たちと、何をするのかというと、基本的には情報交換が目的です。間違っても、相手に何か仕事をやってもらおうとか、便宜を図ってもらおう、というようなコネに使ってはいけません。もしビジネスをするのであれば、しっかりと正面から用件を整えてお願いするべきです。甘えを人脈に持ち込んだ瞬間に、その人は人脈を失うでしょう。

だからといって、人脈はメンテナンスしなくていいかというと、そんなことはありません。遠くに住んでいる人がいたら、仕事で近くに行ったときに連絡をして会うとか、興味のありそうなイベントがあったら、「こんなイベントがあるけれど一緒に行く?」と声をかける、とか、そんな細かいことでいいのです。

軽く意識をしておいて、ピンとくるものがあったら、一緒にやる?とか、「この話を聞いてみたいので、ご飯でも食べない?」とか、細かい声がけをお互いに行います。

最近はこのような細かい声がけは、ソーシャルネットワークサービス（SNS）が出てきて、とても便利になりました。そして便利になった一方、いわゆる「winner takes all」的な状況が生まれつつあるのも事実です。これまでは可視化できなかったその人の人脈力や信用力が、SNSの中で見えてしまうのです。○○さんを知っている、と言ったとしても、本当に単に知っているだけなのか、信頼しあった友達なのかは、例えばミクシィやツイッター、フェイスブックのそのふたりの会話や関係を見れば、如実に分かってしまうためです。

それでは、人脈で行う情報交換とは何でしょうか。ここで勘違いしがちなのは、ググったら分かることをあえて専門家に聞いてしまうことです。これはよくないです。そうではなくて、ググった結果、それが本当か、ということを専門家に聞くのです。

例えば、裏を取らなくてはならない情報があったときに「この人は裏を知っているのではないかな」と思ったら、まず聞いてみるのです。すぐに聞く相手がいなかったら、取りあえず、頭の中に疑問としておいておきます。そして、どこかで知り合いに会ったときに聞いてみるとか、パーティーや打ち合わせの場所などでも話を聞いてみます。

ちなみに、人脈が広がってくると、街中やいろいろな場所で、知り合いに出会うようになります。そのような形で知り合いにあったときにもすかさず声をかけて、またひと言、ふた言、情報交換をすると、そこから新しい気づきが来たりします。

私たちの情報は私たちの頭にあるだけではなく、人脈の人たちが蓄える情報も合わせて、総合力になります。

頭をよくする方法6 ストリート・スマートな人の生活習慣を身につける

大変面白い現象だと思っていることに、少ない労働時間で大きな付加価値を上げる習慣がある人は、若いころから大変な確率で「運動オタク」だ、ということがあります。

結局、適度な運動をしたほうが、創造的な考え方もできるし、体力も増強されるし、また、スポーツクラブやトライアスロンクラブ自体が人脈になるため、一石二鳥なのです。

例えば、私の知り合いの社長は、マンション内にスポーツクラブがあるところにしか家を借りません。別の社長は、自宅を建てるときに循環式のプールまで作って、毎日泳いでいます。別の知り合いは、自宅にジムエリアを作って、そこにトレーナーを週に何回か呼んでトレーニングをしています。

私自身も、週に2～3回を目安にスポーツクラブに通い、加えて1日20～30キロメートルの自転車通勤をしています。その目的は、筋力を上げて基礎代謝を上げることと、デスクワークでカチコチになりがちな筋を伸ばすストレッチです。特に、ものを書いたりしているときには、頭を使いながら指を動かしていますので、全身、実は大変な緊張状態です。きちんとした文章を書こうと思ったら、定期的に全身をほぐす必要があります。またスカッシュはストレス解消にも最適です。

スポーツクラブに出かける人が多い理由は、そこではトレーニングしかできないからです。したがって、行けばいいのです。ジムに行っている限り、筋力が減退することはないでしょう。ジムでもなんの形でもいいのですが、とにかく、運動を生活の一部にするということです。したがって、毎日1駅分歩く、でも構いません。何らかの形で運動を日常化するのです。

老化を防ぐのは、運動面では、適度な筋トレと、有酸素運動であると分かっています。しかも、老化というと肉体面と考えがちですが、私たちのストリート・スマート力《りょく》は経験と学習からきますから、老化してしまうと、行動半径が狭まって、学習効果も縮んでしまいます。

老化を予防することに影響がある生活習慣には、適度な運動に加え、さらに、正しい食生活と、自身が社会（家庭や会社や地域）で必要とされていること、の3本柱が必要です。

老化を防ぐための参考文献
『100歳まで元気に生きる！』ジョン・ロビンズ著／アスペクト

正しい食生活とはバランスよく食べて暴飲暴食をしないというのはもちろんですが、それ以上に効くのは、実は正しい社会参画です。日本人の男性は老後の幸福度が低いのですが、その理由のひとつが、会社の定年後に家族や社会で必要とされる度合いが低いからと考えられています。

したがって、私は若いうちでも、老後でも、ボランティア活動に参加をしたり、NPOに「プロボノ（ラテン語の〝公共の善のために〟ということばを略したもの。欧米のホワイトカラーに一般的に使われている）」という形で自分のプロフェッショナルスキルを無償提供するような活動に親しんだりすることで、自分の金銭的な報酬を目的とした仕事とは別に、一生続けられる社会貢献を行うことができます。

ボランティアといってもそれほど大げさなものではありません。例えば、私が『マナベル』（扶桑社）の取材でオーストラリアのメルボルンを訪ねたところ、街の中心地で70代のおじいさん、おばあさんが、観光客のための道案内をしているのに出会いました。とてもかわいい赤い制服を着て、地図を持って、うれしそうに観光客に声をかけて、地図を渡して、観光案内をしているのです。顔がニコニコして、生き生きしていました。思わず話しかけたところ、無給だということですが、毎日楽しんで来ているそうです。日本でも、美術館の案内や動物園の案内などを70歳以上の方が引き受けているケースもありますし、NPOの事務局も引退後に引き受けている方がけっこういます。

作家の林真理子さんは、先輩から、10歳年を取るごとに、10%ずつくらい、NPOのような報酬を目的としない仕事を増やすようにアドバイスされたそうです。今、エンジン01文化戦略会議、という文化人団体を組成して、年に何回か、さまざまな地方に出かけてオープンカレッジや講演を行う事業の中心人物を務めておられますが、まさしくその精神で行っているということでした。

身体を鍛えて長生きして、その長生きでしゃっきりした頭で、若い人では経済的な視点から引き受けにくい仕事を、自分の人脈や経験を生かして展開する、そのような老後をストリート・スマートな人たちはイメージし、目指しているのです。実際、ストリート・スマートな人たちほど、寄付活動やボランティア活動にも熱心です。

頭をよくする方法7 真の意味での「実直さ」「正直さ」こそが、ストリート・スマートを生む

ストリート・スマートとしてチャンスを最大限に生かすためには、自分に対しても正直、他人に対しても正直である必要があります。自分に対して嘘をつくというのは、本

当はやらなくてはいけないことに、「今日は気分が乗らないから」などとクリエーティブな言い訳をしてやらないことです。これは自分に対しての嘘です。

「やる」と言ったことに対してはやる、あるいは、やれないことは自分にも無理な約束はしないのです。

なぜ嘘つきがよくないかというと、自分に対する嘘にしろ、他人対する嘘にしろ、嘘が多いほど、その人の言動を信頼できなくなるからです。嘘つきはつき合いづらいのです。正直、嘘つきは世の中にたくさんいます。むしろ嘘つきのほうが世の中に多いのです。

「嘘つき」とは、「やる」と言ったことをやらない人です。約束した日までに約束したことが果たされない、「○○さん、今度紹介しますね」と言ってまったく紹介しない。

そういう人たちにとって、嘘は日常茶飯事です。「今度紹介しますね」と言って、その場で電話を本当にしたり、その日中にメールを打ったりしてくれる人と、いつまで経っても何もしてくれない人がいます。圧倒的に、前者のほうがストリート・スマートとしての実績が上がっています。

また、トラブルが起きたときに、正直に相談するのか、ごまかすのかも大きな違いです。最悪なのは、報告しない、ということです。誰にも、トラブルは起きるものです。正直に報告し、関係者と相談する、というのがベストな選択です。たとえ1回でも、隠してごまかし通せたとしたら、それはかえってよくないのです。

ほかにも、いろいろな種類の嘘がありますが、「自分を高く見せたいための嘘」もよくありません。自分の実績ではないことについても実績のように見せる、失敗したことは隠してしまうなど。そのように見かけをごまかすと、次は、努力をするよりも、ことばを飾ったほうが楽なので、努力をしなくなってしまいます。

さらに、こういった嘘をより効果的にするために、お膳立てをする人もいます。例えば、学歴や仕事の手柄を事前に滔々《とうとう》と語るのです。「こういうものは価値がある」という前提が長々と始まって、自分はこんな価値を出している、というふうに。

しかし、相手に1回は信じてもらっても、結果が出ませんから、失敗します。さらに、その前提の手柄すら嘘だというケースもあります。そういう人は、実力以上に自分をよく見せたいとだけ考えていて、「ムシがいい」のです。でもこういった嘘は、必ずばれます。

私たちが人の実績を見るときには、「再現性があるか」ということと、「他人の口からも同じことが語られるか」という2点を重視します。例えば新商品開発や営業業績などで、1回だけたまたま当てたのか、何回もヒットしているのかでは違いがあります。さらに「リファレンス」といいますが、関係者に対して、その人が言っていることが本当かどうか、ヒアリングを行うわけです。

ストリート・スマートの人たちは嘘をつきません。嘘は無駄だからです。嘘をついても、いつかはばれると知っているからです。

一方、そうでない人は、ばれないと思ってやっているのでしょう。その嘘のつき方は、またすばらしく「クリエーティブ」です。これは、「やらない言い訳がクリエーティブ」と同じジャンルです。努力はしたくないのだけれど、重要な人間だと思われたい人たちの習性です。

同じクリエーティブなら努力の方法にクリエーティブになればいいのに、言い訳にクリエーティブになっています。例えば、いわゆる詐欺師は、そのお金を巻き上げる言い訳がすべて、超クリエーティブですが、それは創造的な才能を使う方向性が間違っているのです。

嘘をつく人は、管理コストが高くなるから、価値を割り引かれる

そして、嘘をつかれると、次からは「嘘じゃないかな」といちいち疑ってしまいます。「約束したけれど、本当に守るのかな」とか、締め切りひとつ設定するのにも、めんどうくさくなります。

相手と接触をするときに気をつかうし、余計な時間を使います。また、信用できない人ですから、人にも紹介しにくい。これが、管理コストが高いということです。

しかも、本人は、嘘だと思っていないと思います。ちょっとした誇張だと思っている、すなわち、針小棒大であることに罪悪感がないのです。都合のいいことと、都合の悪いことがあると、都合の悪いことを言わずに、都合のいいことを誇張します。

さらに、嘘つきは、嘘がばれても謝りません。謝らないのは嘘つきの特徴です。

信用の残高と銀行勘定の残高は比例する

人にどれくらい信用されるかということと、その人がどれだけ付加価値を出せるかということは比例します。そしてここで大事なことは「人から単に何となく好かれること」ではなくて、「信用されている」ということなのです。

例えば、ぱっと見で人に好かれるというのは市場原理です。自分が工夫してもある程度限界があります。あえて人気者になろうと行動すると、かえっておかしくなるような印象すら私は持っています。くたびれてしまいます。

それよりは、ひとつひとつの約束をしっかりと守って、信用を重ねたほうがいいのです。どら焼きも、味がおいしいのに人気がないから、宣伝や見かけを変える、ということは効果があると思いますが、どれだけ見かけがよくても味がおいしくなかったら、リピーターにはなってもらえません。

さらに、人気がある人には、「華」があります。雑誌の表紙に出たときに、見た人がパッと誰だか思い出せない女優さんは、旬ではありません。今の「華」がないのです。

一方、竹内結子さんや宮﨑あおいさんは、パッと分かる華があります。

この華の正体は自信です。その自信に、自分が正直にさまざまなことを実績として積み重ねてきて、嘘も何もついていないという気持ちが加わります。「華」は自然にできるもので、無理に作るものではない。しかも「華」の有無は人が決めるものです。そのためには、まず信頼を勝ち得る、ということが大事です。正直に生きる、有言実行、その繰り返しです。人気を取ろうとか銀行勘定の残高を先に考えると、失敗します。

以前、こんなうれしい話がありました。「勝間和代の本が売れる理由」という特集を組んだある雑誌があって、その時にその記事を取材したライターさんは、できれば私の悪評、「わがままだ」「態度が悪い」とか「締め切りを守らずにしらばっくれる」といったようなものを各担当編集者から集めたかったらしいのですが、誰もそういうことがあったと言わないので、その部分は記事にならなかった、ということを正直に記事の中に書いてくれたのです。その理由はシンプルで、本を作るというのは、協同で事業を行っているのと同じことですから、わがままを言う人の周りに人が集まるはずも、応援してくれるはずもないのです。

そのライターさんのアドレスがネットに公開されていたので、コンタクトを取らせていただき、その方と、ＪＩＣＡ（国際協力機構）に勤める弟さんと3人で食事に行ったりして、面白い縁になり、その時に連れて行ってくださったお店は今でも愛用しています。

芸能の世界でも、素直・正直であることは重要なようです。私の知り合いで、よく芸能人のヘアメークを担当する方に、「人気がある人ほど、わがままを言わず、人柄がよくないか？」ということを尋ねました。そうしましたら、「まったくそのとおりだ」ということでした。実際、私もテレビなどで著名なタレントさんとご一緒しますが、みなさん、底抜けに性格がいい方が多くて驚くくらいです。

確かに、メディアを通じて見ると、言動が誇張されて伝わるために、性格が悪そうに見えたり、きつそうに見えたりすることがあるでしょう。しかしそれはすべて、歪《ゆが》んだ鏡に映った像であり、伝聞情報です。直接会ったときに分かるのは、実直でない限り、市場淘汰されてしまう、という分かりやすい事実なのです。

おわりに　自分に合った方法論は、自分で開発するしかない

ここまで、頭をよくする方法についての実践編を書きましたが、残念ながら、「すぐに誰にでも通じる魔法のやり方があるのではないか」と期待された方たちに、特効薬を出すことはできませんでした。以前、「マグロを食べると頭がよくなる」という話があり、受験生の親がせっせと、子どもたちにマグロを食べさせたことがありました。

しかし、実際には、日本人はマグロの過剰摂取で、世界の平均より水銀の体内残量が高いことはご存じでしょうか？　もちろん、健康被害が出るほどではありませんが、それにしても、食品にはリスクもあるのです。しかも、たかだかマグロを食べただけで頭がよくなるのだったら、さっさとその成分のサプリを作って飲めばいいわけで、それで効かないことはみな、分かっているわけです。

私は、デール・カーネギーも、スティーブン・R・コヴィーも、ナポレオン・ヒルも、ジェームズ・アレンも、大前研一《おおまえけんいち》さんも、神田昌典《かんだまさのり》さんも、和田秀樹《わだひでき》さんも、そのほかさまざまな自己啓発書はかなりの数を読みあさりました。そして、その中で自分なりの

方法を真似してみて、取捨選択をし、自分の行動に落とすときには、最後はひとりで考え、ひとりで工夫するしかありませんでした。いろいろな人の本を読むと、心構えは大きなヒントになります。でも、具体的なやり方は、というと、多くの本でどんなに具体的に記述があったとしても、それはその時に最適化されたもので、私自身に最適化しているか、時期が合っているかということはまったく保証されていません。それぞれに全然違うやり方があると思います。

したがって、この本で説明してきた実践編も、実は「概念操作」の訓練の1つです。「速読はどこの先生に何を習えばいいのでしょうか」では、いつまでもストリート・スマートにならないでしょう。しかし、このような新しいことへの挑戦と学びは、本当に細かいことの繰り返しです。そしてその「細かいこと」というのは、人によって違います。だから自分で開発するしかないのです。

人によって耳がいい人もいるし、嗅覚《きゅうかく》が敏感な人もいるし、目がよく見える人もいる。Aの方法が合う人もいれば、合わない人もいます。だからこそ、まずはやってみて、うまくいかなかったら、またやり直せばいいのです。経験はゼロには決してなりません。

ここから少し、私の２００９年の、人からは「迷走」ともいわれた、新しい体験の話をします。私は、ビジネスコンサルティングや分析はもう20年近いキャリアがありますが、人前で不特定多数の人の前に出演して話をする、いわゆる「テレビの仕事」を本格的に始めたのは、ようやく２００９年からでした。

そして、２００９年から約１年間、経験を積むため、バラエティー以外のテレビ番組であればなるべく出続け、バラエティーについても、経済（特にデフレの問題）の話をさせてくれるというものには出てみて、頑張ってみました。新しいことですし、自分がどうしてもテレビに出たいという性格ではないので、正直、とても疲れました。２００９年の半ば過ぎ、半年経ったころには、もうダメだ、止《や》めたいとすら思い詰めていました。しかし、半年ではまだ学習が十分でない。ここであきらめず、もう半年やってみようとあと半年だけ、慣れないテレビ出演を繰り返しました。残念ながら世の中には「テレビ出演を上手にこなす方法」などというマニュアル本はないので、自ら経験で学び、共演者や知り合った芸能人の方からヒアリングをして、そこからコツコツと改善するしかなかったのです。

そうすると、私にとって、何が向いていて、何が向いていないのか、だんだんと分かってきました。そして結論は、「私は原則、テレビは自分の尺（時間）が長く取れるもの、かつ、ビジネスパーソンが視聴できる時間帯以外は出てはいけない」というものでした。

なぜ尺（時間）が必要なのか。私の意見は、短くコメントするだけでは、うまく伝わらないことが分かったからです。私のスキルは、短く突っ込んだり気の利いたことを言うことではなく、しっかりと何かの事実を説明したり、解説することだからです。また同時に、ビジネスという側面があるコンテンツでないと、私の知識が生きない。そのためには、ビジネスパーソンが見る時間帯でないと意味がない、ということでした。

さらに衝撃的だったのは、1年間テレビに出続けても、私自身のプロダクトの売り上げにはつながらないという事実でした。すなわち、私のターゲット顧客とテレビというチャネルが合わなかったのです。

テレビに出演し始めた当初の仮説としては、テレビに出演することで、顧客が増えたり、本の読者が増えたり、セミナーの受講生が増えたりするかな、と漠然と考えていました。もちろん、すごい勢いで増えるとは思っていませんでしたが、可能性としては高いと考えていました。

ところが、半年経ったところで、効果が分かってきます。結論としては、「これは厳しい、使っている時間にまったく釣り合っていない」ということでした。だからこそ、私は止めたいと思ったのですが、「効果が出ないまま撤退するのではなく、やり方を工夫して、もう半年やってみよう」ということにしたのです。

そして、より積極的に企画から参加することで新しいやり方を試し始めると、私の既存のビジネスとの相乗効果が少しずつ生まれだしたのです。

例えば、NHK教育テレビの『仕事学のすすめ』は、やり方を変えることで大改善しました。ゲストの人選も積極的に提案し、質問も予定調和なことをやめ、地上波としてはめずらしいくらいのレベルでビジネス用語、専門用語を使いながら、一流の仕事人のみなさまにさまざまな角度から、ビジネスを語っていただくようにしました。その結果、特にターゲットとしていた30代男女の層が伸び始めたのです。

次に続く、テレビ朝日の『お願い！ランキング』のレギュラー出演も、ひょうたんから駒のような番組でした。出版社から来た流れでちょっと断りづらく、なんとなく引き受けた案件でした。最初は、好きなようにしゃべってください、と言われたので、ベストセラーや白物家電について話しまくるということが受けて、番組自体が人気のこともあるのですが、深夜1時の番組で8.9％といういまだに伝説になるような視聴率を私のコーナーが獲得したのです。

これは何が受けたかというと、いわゆる「家電芸人」と呼ばれる人たちは男性が中心で、AV（オーディオビジュアル）家電などには詳しいのですが、乾燥機や炊飯器、電子レンジにGOPANといった白物家電について、普段実際に使っていて、新しい家電を批評できる人がほかにいなかったためです。

あるいは提案して作っていただいた「できれば一生使いたくない豆知識」という、リスクマネジメントとして必要な離婚やセクハラのようなものの知識コーナーも好評で、他の番組に真似されたくらいです。

最後のリニューアルは、私がＭＣ（司会）を務めている、テレビ東京系のＢＳジャパンの番組、『カツケン』を『デキビジ』にしたことです。バラエティーを経済・情報番組に組み直し、ユーストリームやツイッターを他番組に先駆けて使い始めました。

実はもともとの『カツケン』のコンセプトは、２０１０年に大ブレークした池上《いけがみ》彰《あきら》さん番組だったのです。すなわち、あることを分かりやすく、ゆっくりと説明すること。ところが、私の持ち味は、短い時間に大量の情報をアウトプットすることですから、『カツケン』は私の強みとまったく合わなかったのです。したがって、私の強みに合うような、対談と情報番組に切り替えました。

このテレビの事例で伝えたい大事なことは何かというと、ストリート・スマートというのは、むやみに努力をすることではなく、戦略性を持った努力をするということです。しかもその戦略性とか、失敗から学びながら、いかにして自分の強みの生かせる場所に土俵そのものや、ルール自体を動かしてしまうか、ということなのです。

ほかにも『がっちりアカデミー』というTBSの番組にレギュラー出演していますが、視聴率が低迷した時に、番組スタッフと一体となって、「その番組を見ている視聴者にとって何がバリューなのか」ということをサンプル調査や視聴率で真剣に検討しました。

結論は、その時間帯のメインの視聴者である50代以上の女性が、「おもしろくてためになる、勉強になる」と思ってくれる内容でないといけないということです。つまり、「渋滞」や「速読」を特集しても、その人たちは孫がくるほうなので、渋滞にはつかまらないから見てもらえない、本もそれほど読まないので興味がないのです。一方、家電や電気料金の情報、賃貸と持ち家、保険などの生活情報は興味が高いわけです。

こういうことも、やってみて、考えてみて、試してみる、その繰り返しです。そして、それを愚直に行った人たちだけが、残っていけます。

ともすれば、マスメディアも、書籍も「易行」、すなわち、「これだけやってればできる」ということを視聴者に押しつけ過ぎました。しかし、それは残念ながら、完全な嘘ではないにしても、真実ではないのです。努力なしで儲かる、頭がよくなる、やせる、お金持ちになる、そんなものはないのです。もしそうだったら、とっくに世の中、頭がよくて、スタイルがよくて、お金持ちの人だらけです。でも現実はそうではありません。それが、「易行」が存在しないいちばんの証拠です。

すべての結果は、長年の努力の蓄積のあとに初めて出てくるものであり、それは早くても数か月、遅かったら何年も、何十年もかかります。

したがって、この「ストリート・スマート力《りょく》」も身につけようと思ったら、最低5年、きっと10年近くかかってしまうかもしれません。しかし、一度習慣化してしまえば、いろいろな所での儲けのチャンスも自然に見えてくるので、お金も儲かるようになります。

例えば、商売に関していろいろなノイズが聞こえてくる中、どうやって、自分の顧客の声を真摯《しんし》に聞いて、ノイズを取り外すのか。そのようなやり方は、今までの教育が教えてくれなかったことです。ストリート・スマート力というのは、一般にいわれていることと、実際に自分に必要なことを区別する能力です。

日本は10年以上もデフレ状態が続いています。デフレになって、経済が停滞し、新陳代謝が起こらなくなりました。その結果、日本の市場規模自体が縮小しているので、既得権を持っている人がパイを分け合って、戦わずに学歴や偏差値といったどちらかというとアカデミカルなランクだけで順位づけをして、競争を避けようとする仕組みを作りがちになっています。そして実はこれ、かつて対米開戦に日本が突っ込んでいった社会情勢と酷似しているのです。対米開戦を決定したといわれている大本営連絡会議は学歴エリートの官僚たちで構成されていました。そんな秀才たちがあらゆるデータを駆使して対米開戦が国を滅ぼすかもしれないことに気がつかなかったわけです。とても恐ろしいことです。

それをうち破るのは、ストリート・スマートな人たちです。会社内でも活躍をするし、あるいは、起業をして成長産業を作っていきます。

アメリカでも、ヨーロッパでも、私たちが想像するよりもずっと、アカデミック・スマートな人たちよりは、ストリート・スマートな人たちが社会のリーダーとなっていますし、出世しています。メッセンジャーボーイだった高卒のアルバイトが才能を買われて正社員となり、さらに管理職となって、のちに会社のバックアップでビジネス・スクールに入ったりすることはざらです。世界恐慌の時につぶれかけたゴールドマンサックスを救った中興の祖、シドニー・ジェームズ・ワインバーグは地元の公立中学を2年で中退して、それ以降学校には通っていません。

日本は、新卒一括採用と終身雇用という仕組みで、実務界ではアカデミック・エリートがみなしエリートのように振る舞う傾向がありますが、それが正直、日本の競争力停滞の大きな原因の1つだと私は思っています。リスクを取らないアカデミック・スマートがリードする政府や企業が実力を発揮するはずがありません。

学歴に関係なく、実力がみんな発揮できるようになる社会になれば、ストリート・スマート力を持っていないアカデミック・スマートだけの人は淘汰《とうた》されていくと思います。だからこそ私たちは、アカデミック・スマートな人たちがどうやって自分たちの既得権益を守るような仕掛けを上手に作っているのか（まさしくこれも、言い訳はクリエーティブの仲間ですが）を見抜き、そこに切り込んでいく力が必要なのです。

ひとりでも多くの方が、この本を読んで、「ストリート・スマート」の重要性に気づいていただくことを願っています。

参考文献

◆序章に登場する書名

『これからの「正義」の話をしよう——いまを生き延びるための哲学』（マイケル・サンデル著／鬼澤忍訳）早川書房

◆Ⅰ章に登場する書名

『ヤバい経済学——悪ガキ教授が世の裏側を探検する』（スティーヴン・D・レヴィット＋スティーヴン・J・ダブナー著／望月衛訳）東洋経済新報社

『コリン・ローズの加速学習法実践テキスト——「学ぶ力」「考える力」「創造性」を最大限に飛躍させるノウハウ』（コリン・ローズ著／牧野元三訳）ダイヤモンド社

『アインシュタイン・ファクター』（ウィン・ウェンガー＋リチャード・ポー著／田中孝顕訳）きこ書房

『お金は銀行に預けるな——金融リテラシーの基本と実践』（勝間和代著）光文社新書

『断る力』（勝間和代著）文春新書

◆2章に登場する書名

『累犯障害者』（山本譲司著）新潮文庫

『人間の測りまちがい――差別の科学史』上・下（スティーヴン・J・グールド著／鈴木善次・森脇靖子訳）河出文庫

『頭のでき――決めるのは遺伝か、環境か』（リチャード・E・ニスベット著／水谷淳訳）ダイヤモンド社

『新版　ソロスの錬金術』（ジョージ・ソロス著／青柳孝直訳）総合法令出版

『運のいい人、悪い人――運を鍛える四つの法則』（リチャード・ワイズマン著／矢羽野薫訳）角川書店

『統計でウソをつく法――数式を使わない統計学入門』（ダレル・ハフ著／高木秀玄訳）講談社ブルーバックス

『統計数字を疑う――なぜ実感とズレるのか？』（門倉貴史著）光文社新書

『「社会調査」のウソ――リサーチ・リテラシーのすすめ』（谷岡一郎著）文春新書

『天才！――成功する人々の法則』（マルコム・グラッドウェル著／勝間和代訳）講談社

◆3章に登場する書名

『「みんなの意見」は案外正しい』（ジェームズ・スロウィッキー著／小高尚子訳）角川文庫

◆ **4章に登場する書名**

『成功と幸せのための4つのエネルギー管理術――メンタル・タフネス』（ジム・レーヤー＋トニー・シュワルツ著／青島淑子訳）阪急コミュニケーションズ

『小学3年生～6年生　本当の学力がつく――東大生が考えた魔法の算数ノート　なっとQ～』（太田あや＋南部陽介＋木村俊介＋萩原利士成著）小学館

『もうひとつの視覚――〈見えない視覚〉はどのように発見されたか』（メルヴィン・グッデイル＋デイヴィッド・ミルナー著／鈴木光太郎＋工藤信雄）新曜社

『レジャー白書〈２０１０〉２０２０年の余暇　人口減少社会への挑戦』（日本生産性本部編）日本生産性本部

『１００歳まで元気に生きる！』（ジョン・ロビンズ著／高橋則明訳）アスペクト

『勝間和代の学び旅――マナベル　オーストラリア編』（勝間和代著）扶桑社

勝間和代

かつま・かずよ
1968年東京都生まれ。経済評論家、公認会計士。中央大学ビジネススクール客員教授。慶應義塾大学商学部卒業、早稲田大学ファイナンスMBA。アーサー・アンダーセン、マッキンゼー、JPモルガン証券を経て独立。少子化問題、若者の雇用問題、ワークライフバランス、ITを活用した個人の生産性向上など、幅広い分野で発言を続けており、ネットリテラシーの高い若年層を中心に高い支持を受けている。著作多数、著作累計発行部数は360万部を超える。

100

小学館101新書

高学歴でも失敗する人、学歴なしでも成功する人

二〇一一年二月六日　初版第一刷発行

著者　勝間和代
発行者　伊藤礼子
発行所　株式会社小学館
〒一〇一―八〇〇一　東京都千代田区一ツ橋二―三―一
電話　編集：〇三―三二三〇―五四五〇
販売：〇三―五二八一―三五五五

装幀　おおうちおさむ
印刷・製本　中央精版印刷株式会社

Printed in Japan　ISBN 978-4-09-825100-1

小学館101新書

好評既刊ラインナップ

001
読書進化論
人はウェブで変わるのか。本はウェブに負けたのか
勝間和代

経済評論家でベストセラー作家の勝間氏は、本で「成功と自由」を手に入れてきた。著者を「進化」させた本と本をめぐる技術のすべてを紹介。

049
目立つ力
インターネットで人生を変える方法
勝間和代

ブログ、SNS、ツイッターなどのサービスをどう活用すれば、人生に好影響を与え続けられるのか。不特定多数へ向けた自分プレゼン・スキルの決定版！

099
愛すべきあつかましさ
島地勝彦

元『プレイボーイ』名物編集長が、大物作家たちがいかに〝愛すべきあつかましさ〟で人の心をつかみ、思い通りの仕事をしたかを分析。就活必勝本としても話題。

ビジュアル新書
012
白洲家としきたり
白洲信哉

白洲次郎・正子夫妻、文芸評論家の小林秀雄氏を祖父母に持つ著者が、今も日本に残る〝しきたり〟と〝季節の食〟を独自の視点で解説します。